Marioneta

Beatriz Berrocal

Para mi madre: mi sombra, mil luz.
Te admiro y te quiero, mamá

Dirección Editorial
Raquel López Varela
Coordinación Editorial
Ana María García Alonso
Maquetación
Cristina A. Rejas Manzanera
Diseño de cubierta
David de Ramón
Ilustración de cubierta
Juan Ramón Alonso

QUINTA EDICIÓN

© Beatriz Berrocal
© EDITORIAL EVEREST, S. A.
Carretera León-La Coruña, km 5 - LEÓN
ISBN: 978-84-241-7833-8
Depósito legal: LE. 54-2013
Printed in Spain - Impreso en España
EDITORIAL EVERGRÁFICAS, S. L.
Carretera León-La Coruña, km 5
LEÓN (España)
Atención al cliente: 902 123 400

Aquel día nos dieron las notas de Física, y si lo llego a saber no aparezco por clase. Lo pasaba tan mal en momentos como esos, que hubiese preferido que el profesor se limitase a darnos el examen y que cada uno viésemos en nuestro sitio la nota que habíamos sacado; después, el que la quisiera comentar con los demás, que lo hiciese, y el que no, que se la callase.

Estaba convencida de que lo hacían público para pregonar nuestras miserias a los cuatro vientos, encontrando alguna secreta satisfacción en pronunciar nuestro nombre y detrás el número que nos habíamos ganado, en voz alta, muy alta, para que todo el mundo lo escuchase bien, para que recayesen sobre mí las miradas burlonas de los que se sentaban a mi alrededor, que se tapaban la boca con las manos intentando contener la risa, que me tiraban papelitos a la cabeza como si se tratase de un confeti amargo, preludio de lo que tenían preparado para mí, como si ese dedo pulgar que el cabecilla del grupo se pasaba de un lado a otro de su cuello a modo de guillotina fuese únicamente para que no se me olvidase que a la salida de clase me estarían esperando.

Maldito nueve y medio de Física, malditas notas que eran para mí una tortura, maldita cárcel en la que me sentía atrapada sin nada que me atase pero sin poder alargar ni un dedo para pedir la ayuda que tanto necesitaba.

—Pero, ¿qué te pasa, Alma? Pareces autista, hija, no dices nada... Últimamente hay que sacarte las palabras con gancho... ¿Estás bien?

—Sí.

—¿Qué tal los exámenes? ¿Te han dado ya alguna nota?

—Sí, la de Física.

—¿Y qué tal?

—Bien.

—Pero, ¿qué sacaste?

—Un nueve y medio.

—¿Nueve y medio? ¿Y lo dices con esa cara? ¡Pero hija, que parece que has sacado un cero! ¿Cómo no me contabas nada?

—¡Ay, mamá! Déjalo, de verdad, déjalo ya. Tampoco tiene tanta importancia. Tengo quince años, no tiene tanto mérito...

—Pero, ¿cómo que no? ¡Alma! ¡Ven aquí! Pero, ¿qué te pasa?

Me pasaba que no quería hablar más con mi madre, bueno, ni con ella ni con nadie, quería estar sola, encerrada en mi habitación, porque entre aquellas cuatro paredes era el único sitio en el que me encontraba segura. Deseaba con toda mi alma no tener que salir de allí nunca más, poder quedarme para siempre tumbada en mi cama, tapada hasta la cabeza con las mantas, y que todo el mundo se olvidase de mí, que nadie se acordase nunca más de que existía.

Mi madre llamó a la puerta de mi cuarto otra vez, pero no quería que entrase. De buena gana me hubiera tirado en sus brazos y le hubiese contado todo lo que me estaba pasando, pero no podía, no quería preocuparla, no quería que sufriese por mí, yo no era el ombligo del mundo, al fin y al cabo, toda la gente tiene preocupaciones.

Tenía que salir de aquel problema yo sola, sin hacer daño a nadie más. Lo que no sabía era cómo iba a hacerlo.

—Alma, quedamos esta tarde en la esquina de Cortefiel, ¿vale? Dame un toque si hay cambio de planes, no voy a conectarme al *Messenger* porque tengo el ordenador «petado» y mi hermano va a intentar arreglarlo. ¿Me oyes?

—Es que no sé si iré al final, la verdad es que no tengo muchas ganas.

—¿Qué dices? ¡Pero si ya hemos quedado con ellos! ¡Que viene Roberto! ¿Cómo no vas a venir?

—Que no sé, que a lo mejor sí y a lo mejor no, ya te doy un toque o te mando un mensaje y te digo…

—No hay quien te entienda, llevamos dos meses esperando para que los de primero celebren esta fiesta, dos meses preparándolo todo, pensando si irán estos o no irán, planeando qué nos ponemos o qué nos quitamos, y ahora, cuando llega el gran día, resulta que te rajas porque estás muy cansada… No lo entiendo.

Marga tenía toda la razón del mundo, habíamos pasado las últimas semanas haciendo planes para el día de la fiesta de los de primero. Yo me moría de ganas de ir por si iba Roberto, y ella por si iba su amigo, pero, a medida que se iba acercando el momento, me sentía aterrada ante la idea de ir y que los de siempre me armasen alguna.

¿Por qué la habían tomado conmigo? ¿Qué les había hecho yo? Quería pasar de ellos, ignorarles por completo o al menos dar esa sensación. No les provocaba lo más mínimo, no les hablaba, no les miraba, no respiraba cuando pasaban por mi lado, pero ya no sabía lo que era mejor porque parecía que esa actitud les hacía crecerse, sentía que cada día me comían más terreno, que me acorralaban más, que tenía menos espacio para respirar, menos aire dentro de mis pulmones, y lo peor de todo era que me hubiera conformado con que todo se hubiera quedado como estaba y las cosas no hubieran ido a peor, aunque sabía, lo veía venir, que eso no iba a ser así.

Lo que más me dolía de todo era que entre ellos estaban dos chicas, Rosa y Tesa, con las que el año anterior me había llevado bastante bien, no habíamos sido amigas como lo era de Marga, pero nos habíamos contado muchas cosas y en clase lo habíamos pasado muy bien. Fue al pasar de curso cuando cambió todo, se dejaron arrastrar por los dos macarras de turno, Mario y Pincho, que no era la primera vez que repetían curso, por eso estaban apalancados en cuarto aunque fuesen dos años mayores que nosotros. Supongo que es eso lo que les hacía sentirse superiores, pero no lo sé, ni les comprendía, ni les comprendo, no soy capaz de meterme en sus mentes y entender por qué me hicieron lo que me hicieron.

A principio de curso la tomaron también con Julio, éramos sus dos víctimas, yo sabía lo que le hacían a él, y él lo que me hacían a mí, aunque nunca hablamos abiertamente de ello, pero después de las vacaciones de Semana Santa, Julio no volvió. Supe por otros compañeros que se había cambiado de instituto, por eso se empezaron a cebar conmigo; era como si la burla y el daño que habían volcado en los dos lo guardasen todo para mí, únicamente para mí.

Entonces pensé un montón de veces hacer lo mismo, cambiarme de instituto, irme a otro sitio donde no les viese, donde no estuvieran ellos, donde no tuviera aquel pellizco en el estómago cada mañana cuando al levantarme pensaba que tenía que volver a clase, pero esa no era la solución, esa era solo una manera de esconderme, de dejarles que se salieran con la suya, y no pensaba consentirlo. Además, cabía la posibilidad de que llegase a otro sitio y me pasase lo mismo con otros iguales que ellos, era algo que empezaba a estar a la orden del día, cada vez lo escuchaba más en la televisión, cada vez era más frecuente, como una moda; a lo mejor yo tenía madera de víctima, y si me iba a otro instituto podría pasarme lo mismo. Entonces, ¿qué haría? ¿Volvería a irme? ¿Me cambiaría otra vez?

No podía, no pensaba pasarme la vida huyendo de ellos, tenía que ser fuerte, yo no había hecho nada, no me metía con ellos, no les provocaba, no hacía nada más que ir a mi bola, pero les molestaba el simple hecho de que yo existiese, de que respirase, de que sacase buenas notas... ¿Por qué?

Decidí ir a la fiesta de los de primero, tenía muchísima ilusión porque sabía que iba Roberto y que me lo podía pasar de vicio. No creía que ellos fuesen allí, aquel no era su rollo, no les veía en aquel ambiente, y además, si iban, que fuesen, allí iba a haber gente de otros cursos con los que no tenían tanta confianza y no era fácil que se atreviesen a hacer ninguna de sus tonterías, porque se arriesgarían a que los demás se les echasen encima.

Decididamente, iría a la fiesta, le mandaría un mensaje a Marga y quedaríamos. Ya tenía decidido lo que me iba a poner: llevaría el pantalón blanco con el top rojo que tenía sin estrenar, y si no le daba por llover, me pondría las sandalias con un poco de tacón.

Iría a la fiesta, iría y no me pasaría nada.

Llegamos al «Sol y Luna» ya pasadas las siete de la tarde, éramos unas cuantas, porque en Cortefiel quedaba un montón de gente y nos encontramos con mucha peña, así que ya fuimos juntas para allá.

Iba un poco nerviosa por lo de Roberto, y además había salido de casa rayada porque mi madre se había pasado todo el rato que tardé en arreglarme dándome la chapa con lo de siempre: que a ver qué vais a beber, que tengas cuidado con las compañías, que no vengas tarde, que vamos a buscarte, que dónde crees que vas arrastrando los pantalones por la calle y con el estómago al aire… Bueno, que al final me harté y le dije que me dejase tranquila porque me estaba amargando la tarde, y todavía le pareció mal.

Me preguntaba en qué momento se iba a dar cuenta de que ya no era la niñita de dos años a la que tenía que hacerle todo, solo esperaba que con Bea no fuese tan pesada, nos llevamos un año, pero confiaba en que cuando mi hermana empezase a salir, lo tuviese más asumido que conmigo.

Al llegar al «Sol y Luna», donde era la fiesta de primero, había un montón de gente que no era de clase pero que conocíamos del instituto, se notaba bastante buen rollo, pero a mí me entró un bajón cuando no encontré a Roberto por ningún sitio. Nos acercamos a la barra, por supuesto que no se servía ni gota de alcohol, así que nos pedimos unos refrescos y nos colocamos por allí, a hacer como que nos lo estábamos pasando muy bien, pero en el fondo muy decepcionadas, porque lo mismo Marga que yo habíamos ido allí para ver a los chicos.

Cuando ya estábamos pensando abrirnos empezaron a poner música de la que te apetece cantar y bailar, y nos animamos un poco, hasta salimos a la pista y nos pusimos todos a hacer el «chorras» allí, bailando a mogollón y riéndonos mucho porque se estaba animando el ambiente. Justo entonces aparecieron Roberto y su amigo, y a Marga y a mí se nos paralizó el corazón, porque se pusieron justo a nuestro lado y empezaron a bailar y a decirnos que si vaya animado que estaba aquello, que si nos lo estábamos pasando bien y todo eso.

Podría haber sido una de las mejores tardes de los últimos tiempos, yo estaba muy ilusionada y además había un rollo buenísimo, de eso que te sientes a gusto, que te olvidas de los problemas y te parece que el resto del mundo ha desaparecido y solo existe lo que estás viviendo en ese momento.

Ni siquiera les vi entrar, no me enteré de nada, yo estaba a lo mío, sin meterme con nadie, sin pensar nada más que en lo bien que me lo estaba pasando, y no me enteré de nada, fue todo muy rápido, un leve empujón al que no se le hace caso porque en esos sitios es normal que al haber poco espacio y mucha gente se empuje o se dé algún golpe sin importancia. Fue entonces cuando sentí la humedad, el frío y sobre todo el olor nauseabundo que me envolvía. Hubo gente que no se enteró, siguieron bailando y ni se dieron cuenta, pero los que estaban a mi lado se apartaron de repente, y entonces, instintivamente me miré y me vi empapada con un líquido que olía fatal.

Solo se me ocurrió salir corriendo para el baño, Marga vino detrás de mí, y justo en ese momento vi a Rosa y a Pincho apoyados en la barra, muriéndose de risa y diciéndome al pasar: «Las colonias baratas es lo que tienen, que huelen a mierda, como tú».

Quise morirme allí mismo, quise que la tierra me tragase, que nada de aquello me estuviese pasando a mí, pero era tan cierto como el olor que me llenaba.

No sé lo que me habían echado, pero al quitarme el top en el baño, tenía pegados por la piel un montón de moscas y mosquitos que, aunque estaban muertos, no había forma de despegar. Se me habían mezclado también por el pelo, porque el líquido que me habían tirado por la espalda era viscoso y repugnante.

Marga se afanaba en lavarme con unas toallitas que llevaba en el bolso, con agua, con papel del baño, pero no podía limpiarme bien y yo estaba histérica al ver todos aquellos bichos pegados en mi piel. Lo peor de todo era que no sabía cómo iba a volver a casa porque el top era imposible ponérmelo y yo no podía salir del baño y atravesar toda la sala sin nada encima.

—Puedo ir hasta tu casa y traerte algo, espérame aquí, que no tardo nada —dijo Marga, que estaba tan asustada como yo, pero no quise porque entonces tendría que explicarle a mi madre lo que había pasado y era capaz de presentarse allí mismo, con lo cual me iba a sentir mucho peor todavía.

—Pues voy hasta mi casa —dijo mi amiga—. Te traigo algo mío y ya está.

Pero me aterraba la idea de quedarme sola en el baño, allí encerrada y medio desnuda, no podía, tenía miedo y no quería estar sola.

Marga llevaba otro top como el mío, no podía tampoco quitarse nada para dejármelo a mí, así que se le ocurrió ir al guardarropa y ver si había alguna prenda de las que se olvida la gente que pudieran prestarme solo para salir de allí.

Fue salir Marga del baño y entrar Rosa. La sentí, la presentí por el ruido de sus botas negras, por la lentitud de sus pasos, por la risa absurda de su boca asomando por debajo de la puerta del baño, esos huecos enormes que no sé por qué dejan siempre.

Yo estaba casi desnuda y ver aparecer su cabeza por allí debajo me hizo sentir tanto pánico que lo primero que se me ocurrió fue darle con el pie. No sé si le di dos o tres patadas, no lo sé, yo estaba histérica, me tapaba el pecho con las manos y le daba con los pies hasta que se quitó, debí de hacerle daño, supongo que sí, pero en ese momento me daba lo mismo, solo quería que Marga llegase, que me trajese algo de ropa, que nos fuésemos de allí enseguida.

No creo que le hiciese sangrar, pero al darle en la cara con la sandalia que tenía la punta fina, se la debí de clavar en algún sitio, no me extraña, porque en aquel momento hubiese sido capaz de clavársela en el mismísimo cerebro, yo que odio la violencia, yo que soy incapaz de hacer daño ni a una mosca, yo que no puedo ver que peguen ni maltraten a nadie, le di con la puntera de mi sandalia tan fuerte como pude.

—Te vas a cagar, pija. Has firmado tu sentencia de muerte —dijo Rosa justo antes de salir.

Y en aquel momento supe que tenía razón.

El sábado y el domingo no pisé la calle, le dije a mi madre que tenía gripe y no me moví de la cama, no era capaz de poner un pie en el suelo, en mi cabeza solo estaba la imagen de lo que había ocurrido y, sobre todo, lo que podía ocurrir el lunes cuando tuviese que volver a clase. Mientras tanto, para que no me olvidase de ellos, cada dos o tres minutos me llegaban al móvil mensajes suyos: «Tu colonia huele a muerto», «Vamos a acabar contigo», «La muerte es la única asignatura en la que no vas a sacar sobresaliente», «No hagas planes, estás muerta y lo sabes»… Apagaba el móvil, pero entonces no podía contactar con Marga, que también me mandaba mensajes y me llamaba cada poco para ver qué tal estaba.

—Me están bombardeando con mensajes y amenazas —le dije—. Están tramando algo, no sé cómo voy a ir a clase mañana…

—Pasa de ellos, no les des cancha porque se darán cuenta y será peor.

Pero eso es fácil decirlo cuando al que le pasan las cosas es a otro, yo le hubiese dicho lo mismo si todo aquello se lo estuviesen haciendo a ella, le hubiese dicho que resistiera, que no se diese por vencida, que aguantase, que ella tenía que demostrar que era más fuerte que nadie... Pero era a mí a la que me estaba pasando aquello, y aunque quería mirar para delante, me daba cuenta de que me estaban fallando las fuerzas y de que cada vez les tenía más miedo.

Mi hermana entró a la habitación varias veces a verme, y se dio cuenta de que no paraban de llegarme mensajes al móvil:

—Pero qué lío te traes... A ver...

—¡Suelta eso! —le dije saltando de la cama como una fiera y dándole un manotazo con una fuerza que no sé de dónde saqué. No pretendía hacerle daño, nos llevamos fatal y nos estamos picando todo el tiempo, pero es mi hermana y no me gusta tratarla así. Lo que tampoco quería era que leyese uno solo de los mensajes que me estaban mandando ni que ella o mis padres se enterasen de nada, prefería que no trascendiese el menor síntoma de lo que me estaba ocurriendo.

No sé si esa actitud era la correcta, no sé si lo que quería era que ellos no sufriesen o que no se diesen cuenta de que yo era una cobarde, no sabía ni lo que me estaba pasando, ni por qué me estaba pasando, pero estaba empezando a caer en un pozo sin fondo en el que solo estaban aquellas cuatro personas que me aterraban, que me estaban convirtiendo en un ser que desconocía.

El lunes llegué a clase temblando, y me senté en mi sitio sin levantar la vista del suelo. Estaban allí los cuatro, siempre ocupando los sitios más cercanos al mío, y daba igual si me cambiaba, en la clase siguiente, no sé cómo lo hacían, pero volvía a tenerles a mi alrededor: «Los pijos tienen escolta, y nosotros somos la tuya, no lo olvides», me decían en voz muy baja, como si yo hubiera podido olvidarles un momento.

Para mi sorpresa, la mañana transcurrió sin incidentes, y la tarde y los dos días siguientes, igual. Les veía rondarme, no dejaban de mirarme o de caminar detrás de mí por los pasillos del instituto, cuchicheando a mi paso y riéndose de cada uno de mis gestos, pero, como aquella actitud no era nueva, me conformaba con ella y lo único que pedía era que no sucediese nada más.

Fue el jueves cuando volvieron a «atacar». La de Matemáticas nos puso un examen para la semana siguiente, y empecé a recibir mensajes en el móvil dejándome muy claro que si no quería sufrir un accidente, tenía que suspender aquel examen.

Sus palabras eran claras, como siempre, no permitiendo que olvidase su macabra presencia en mi vida, y yo, ante el temor de que mi hermana pudiese leer alguno de aquellos mensajes aterradores en los que se me dejaba bien claro que si no suspendía el examen, me iba a ocurrir algo muy serio, los borraba inmediatamente creyendo que así ponía a salvo mi secreto y protegía a mi familia de enterarse de la situación por la que estaba pasando; pero no sé si mantenerles en la ignorancia era lo mejor, porque se daban cuenta de que algo me estaba ocurriendo, aunque ni por lo más remoto pudiesen imaginar de qué se trataba.

—Pero, vamos a ver. ¿Qué es lo que pasa? ¿Te encuentras mal? ¿Tienes algún problema? ¿Necesitas algo? —me preguntaban mis padres.

Y yo les decía a todo que no, que me dejasen en paz, que lo único que quería era que pasasen de mí y no se metiesen en mi vida. No sé cómo me aguantaron, supongo que es porque los padres aguantan todo y los hijos nos escudamos en eso para ponerles al límite de su paciencia, pero aunque sé que a ellos se lo hice pasar mal, fue únicamente porque yo también me sentía al límite, más aún, al borde del límite, a punto de estallar, de dejarme vencer, de perderme en el abismo en el que sentía que estaba cayendo, o más bien, al que me estaban empujando.

El martes era el examen y yo me pasé todo el fin de semana estudiando al mismo tiempo que me preguntaba si debía seguir haciéndolo o simplemente presentar la hoja en blanco y suspender. Tenía un pánico horrible a las amenazas que me seguían llegando.

El sábado a media noche, me desperté sobresaltada con un ruido terrible en la ventana de mi habitación. Me habían tirado una piedra envuelta en un papel en el que decía: «Estás empollando tu propia muerte». Cuando mis padres, asustados, entraron en la habitación escondí el papel y les enseñé la piedra, se quedaron sorprendidos e indignados, incluso mi padre bajó a la calle a ver si veía a alguien merodeando por allí, pero todo quedó en el susto y se le echó la culpa a algún gamberro borracho con ganas de fastidiar. Afortunadamente yo tenía la persiana de mi cuarto bajada hasta abajo, por eso los cristales no se rompieron, pero a partir de aquel día, siempre que estaba en mi cuarto dejaba la persiana bajada por completo tanto si era de día como si era de noche.

Quería aprobar aquel examen porque podía hacerlo, porque siempre lo había hecho, y porque tenía que demostrarme a mí misma que cuatro imbéciles indecentes no podían manejar mi vida a su antojo, pero en el otro lado de la balanza estaba el terror que me daba solo pensar que pudiese ocurrirme algo. No dormía, no era capaz de conciliar el sueño y lo único que me distraía era enfrascarme en el libro y hacer los problemas de matemáticas, porque me decía a mí misma, que eran los únicos problemas de mi vida que sabía resolver.

De este tema no le dije nada a Marga, mi necesidad de contárselo a alguien había hecho que la implicase demasiado en todo aquello, y como ya tenía miedo hasta de mi sombra, empezó a entrarme el temor de que pudiesen también meterse con ella, incluso alguna vez pasó por mi mente la idea de que me pudiese ocurrir con mi amiga lo mismo que me había ocurrido con Rosa y con Tesa, que el año anterior nos habíamos llevado muy bien, y después se habían unido con Pincho y su amigo, para hacer frente común en contra mía.

A veces tenía la sensación de que me estaba volviendo loca, porque sospechaba de todo el mundo, cualquiera era un posible enemigo para mí, mejor no confiar en nadie, mejor no creer en nada más que en mí misma, solo yo, solo Alma.

El problema llegó cuando hasta en eso dejé de creer, cuando me empecé a sentir tan débil y desorientada que tenía la sensación de que yo misma me estaba fallando, de que me estaba pasando a su bando para hacerme daño, para torturar a esa otra Alma en la que ellos me estaban convirtiendo, una Alma débil y aterrada, una Alma sin personalidad, sin confianza en sí misma, una Alma paranoica y desequilibrada.

Si suspendía aquel examen me tendrían en sus manos para siempre, sería su victoria frente a mi debilidad, su dominio frente a mi sumisión, dejaría de existir y me convertiría en una marioneta cuyos hilos solo podrían mover ellos, y yo no quería ser la marioneta de nadie.

Decidí hacer el mejor examen que pudiese, poner todo mi empeño, esforzarme al máximo para sacar una buena nota. Si era fuerte no podrían hacerme nada, se darían cuenta de que no me había doblegado a sus órdenes, de que no habían podido conmigo por más que hubiesen intentado anularme.

Aprobar significaba la victoria.

O eso creía yo.

No sé si fue fácil o a mí me lo pareció, la verdad es que las Matemáticas no me gustan especialmente, pero no se me dan mal, y eso que las de cuarto ya se complican un poco más, pero bueno, lo cierto es que hice un examen con el que quedé satisfecha, y ellos, que no dejaron de observarme durante todo el tiempo que duró, se dieron cuenta, porque me vieron hacer operaciones, escribir, en fin, que sabían perfectamente que no había entregado el folio en blanco.

Nada más salir de clase recibí su primera advertencia. Fue en los baños del instituto. Ni me di cuenta de que Rosa y Tesa estaban allí, si no, no hubiese entrado ni loca, pero aunque no estábamos solas, se hartaron de hacerme gestos con el pulgar hacia abajo, o dibujando una cruz en el aire con la mano, como si me estuviesen sentenciando.

Marga, que no sabía de qué iba el tema, me dijo lo de siempre, que pasara de ellas, que yo fuese a mi bola y que me dedicase a lo mío, pero si en aquel momento hubiera podido coger el examen y romperlo en mil pedazos, lo hubiese hecho sin dudarlo un momento, porque a partir de entonces empezó para mí una tortura que no le deseo a nadie, bueno, creo que sí, que se la deseo con todas mis fuerzas a los mismos que me la hicieron padecer.

Aquel mismo día, al ir para casa, sentí el ruido de una moto muy cerca de mí, al volver la cabeza vi la cara de Pincho y su colega Mario, que con aquella expresión de locos que tenían cuando querían asustarme, se acercaron tanto que casi me tiraron al suelo.

—Prepárate, empollona, esto es solo el principio —dijeron deteniendo la moto al borde de la carretera mientras yo echaba a correr presa del pánico que me había dado verles tan cerca. No fui capaz de salir de casa en toda la tarde.

Al día siguiente recé a un Dios de cuya existencia no estaba segura, para que no diesen las notas de Matemáticas, para que mi examen se hubiese perdido, para que tuviese todos los problemas mal, para que la profesora hubiera sufrido un terrible percance y se le hubiesen quemado todos los exámenes del mundo.

Pero o Dios estaba muy ocupado, o no me escuchó, o ni siquiera existe, no lo sé, porque nada de lo que le había pedido con tanta angustia sucedió.

—Alma Domínguez: sobresaliente, un excelente examen. Enhorabuena.

Y de nuevo deseé que la tierra se hundiese bajo mis pies, que el mundo me absorbiese en su giro imparable, que me despertase en mi cama y aquello no fuese sino un mal sueño del que despertaría para abrazarme fuerte a mi almohada y llenar el pecho de aire como no podía hacerlo desde hacía mucho tiempo ya.

Apenas sonó el timbre de fin de clase, corrí al pasillo para irme cuanto antes. En vez de esperar a salir con toda la gente para no quedarme sola, para buscar testigos de cuanto me estaba pasando, mi actitud era la contraria, que nadie se enterase, que nadie se diese cuenta para que no se burlasen de mí.

Salí de clase sin esperar ni a Marga, pero Pincho fue más rápido que yo, como un lince que estuviese al acecho se adelantó a mis pasos y según puse un pie en el peldaño de las escaleras para ir al piso inferior, sentí el suyo por delante y rodé hasta abajo sin poder reaccionar a tiempo.

No perdí el conocimiento aunque sentí un dolor muy intenso en la espalda. Todo el mundo se arremolinó a mi alrededor, y escuché que alguien decía:

—He intentado sujetarla, pero no he podido, no he podido, se ha dado un golpe tremendo, habrá que llevarla a algún sitio.

—Tranquilo muchacho, tranquilo, yo creo que está bien —dijo un profesor dirigiéndose a aquel chico que supuestamente había tratado de ayudarme, aquel chico que no era otro sino Pincho.

Por más que insistieron, no quise que llamasen a mis padres, pero no hubo manera de que me dejasen ir a casa sola y uno de los profesores me llevó en su coche hasta la misma puerta, no creo que él se diese cuenta, pero yo sí que vi que durante unos metros la moto de Pincho y Mario nos siguió, para que no me olvidase de que ellos seguían allí. Cuando llegué a casa, mis padres ya sabían lo de la caída, el tutor de mi curso les había llamado por si querían llevarme a algún sitio o notaban algún síntoma de empeoramiento. Ahora me doy cuenta de que era su deber, pero entonces me pareció un bocazas estúpido, un entrometido, un impertinente que lo único que quería era amargarme la vida más aún, porque la caída asustó a mis padres y empezaron a lloverme preguntas que, ante mi falta de respuesta, se contestaban ellos mismos.

—Pero, ¿qué es lo que te pasa? ¿Lo ves? Si es que no tienes la cabeza donde la tienes que tener, si ya veo yo que tú no estás bien... ¿Qué te pasa? ¡Claro! ¿Qué te va a pasar? Que no estás centrada, que no miras ni por dónde vas, que no haces caso de nada. ¿Y por qué, eh, por qué? Pues porque ni duermes, ni comes, ni nada de nada. Hay que ir al médico, ya te lo he dicho mil veces, esto no puede seguir así...

—Déjala, no la atosigues —decía entonces mi padre para empezar a atosigarme él—. Mañana mismo se la lleva al hospital y que la miren bien mirada. ¿Que no quiere? Pues que no quiera, es lo mismo. Pero, ¿qué es lo que te pasa, hija? ¿No ves cómo estás? Si es que estás en los huesos... Pero, ¿esta niña qué come? ¿No tendrá una anorexia? ¿No se nos habrá metido en algo raro? ¿Tú la estás vigilando bien?

—¿Cómo que si yo la estoy vigilando bien? Pero, ¿tú qué te crees? ¡Ni que yo fuese un policía! ¡Vigílala tú! A ver si a ti te deja, a ver si a ti te hace caso, que es muy bonito echarme a mí la responsabilidad de cuidar de ellas, que mientras todo va bien «qué hijas tenemos», y cuando falla algo: «mira a ver si las estás vigilando bien»...

Entonces mi madre se echaba a llorar, mi padre daba un golpe en la mesa y salía de mi cuarto jurando en arameo y diciendo que no había manera de entender a las mujeres, y yo me quedaba allí maldiciendo al profesor que por llamar a mis padres había desencadenado todo aquel conflicto familiar.

Tampoco aquella tarde salí de casa, lo que antes era raro, porque siempre quedaba con mis amigas para dar una vuelta por la tarde, se estaba convirtiendo en una rutina de la que no quería salir. Tuve el móvil desconectado y ni se me ocurrió entrar en el Messenger por si ellos me dejaban algún mensaje macabro de los suyos.

La caída me sirvió de pretexto para no ir a clase al día siguiente, es verdad que me dolía todo el cuerpo y tenía varios moratones por la espalda y las piernas, pero lo que más me dolía no se veía por fuera, era el temor, la angustia, el miedo horrible que había sentido en aquellos eternos segundos en los que mientras rodaba por las escaleras pensé que me moriría allí mismo porque al llegar abajo tendría la cabeza rota en mil pedazos.

Pero quedarme en casa un día no hacía más que prolongar la angustia y aumentar el temor al regreso, no solucionaba las cosas, no arreglaba mis problemas, es más, creo que, mientras el miedo se crecía dentro de mí, las ganas de hacerme daño crecían dentro de ellos.

Mi madre empezó a ir a esperarme al instituto después del segundo «accidente» que tuve cuando alguien desde una moto me lanzó una cadena que se enredó en mis piernas y me arrastraron varios metros por la carretera, para después darse a la fuga.

Como siempre, no hubo testigos, al menos, testigos válidos, porque las dos o tres personas que lo vieron se dedicaron a atenderme con lo que no prestaron atención a la moto que huía ni a las características de las dos personas que la pilotaban. Era lo mismo, yo hubiese podido describirles a la perfección, me lo habían advertido un montón de veces: «la muerte va sobre ruedas, pija», «los sobresalientes se pagan arrastrándose por el suelo», «eres una empollona de mierda y eso tiene un precio».

Estuve dos días en el hospital, en observación por los golpes que había llevado, la policía tomó nota del hecho, y me preguntó si sospechaba de alguien o me había ocurrido antes algo parecido, pero yo dije que no, que no tenía ni idea de nada y que lo único que quería era irme a mi casa de una vez porque mi hermana me había dicho que mis amigas me habían llamado muchas veces para preguntar por mí y que querían ir a verme al hospital.

—¿Qué amigas? —le dije, porque últimamente estaba tan aislada de todo el mundo que, aparte de Marga, no me quedaba nadie más.

—Me dijeron que eran Rosa y Tesa y que vendrían con Mario y Pincho que también tenían muchas ganas de verte. Creo que si el médico no me da el alta aquella misma mañana, me voy del hospital sin consentimiento de nadie. El hecho de que mi madre me fuese a recoger a clase cada día no hizo sino aumentar las burlas entre aquellos «amigos» que tanto me apreciaban, y los comentarios entre los que no sabían de qué iba todo aquello.

Lo cierto es que mi familia estaba muy asustada y, convencidos de que en el instituto no podía ocurrirme nada, procuraban al menos asegurarse de que en el trayecto de ida o de vuelta a casa, no volviese a pasarme nada, pero eso que ellos creían que era una solución, yo sabía que no significaba nada más que un cambio en su estrategia, tenían montones de formas para hacerme daño, y no solo me refiero al daño físico.

Como el curso anterior les había hecho algunas confidencias a Rosa y a Tesa, sabían de sobra que yo andaba detrás de Roberto. Es cierto que yo era bastante reservada en esos temas, pero lo lógico es comentarlo con las amigas, además, se nota, y aunque al principio él pasaba bastante de mí, yo creo que con el tiempo me fue teniendo en cuenta un poco más cuando coincidíamos en la cafetería del instituto o nos veíamos en el cíber durante algún recreo.

Él es un chico muy tímido también, yo creo que sí que sentía algo por mí, pero le costaba un montón dejar que yo lo intuyese, y como a mí me pasaba lo mismo, éramos como dos amores platónicos, de esos que están condenados a no convertirse nunca en realidad. Pero bueno, me molaba mucho saber que él podía estar un poco por mí, y con las miraditas y las tímidas sonrisas me conformaba.

Todo se hubiera quedado ahí de no ser porque aquellas dos lo sabían, y al ver que su territorio se había quedado acotado al no poder hacerme ninguna judiada en la calle por la vigilancia de mis padres, sus mentes empezaron a maquinar algo para que, sin salir de las paredes del instituto, me hiciese tanto daño como si me lo hubiesen hecho en plena calle.

Aquella mañana recibí un mensaje en el móvil firmado por Roberto: «Te espero a cuarta hora en la entrada del baño de chicos». Yo no sabía cuál era su número de móvil porque nunca me lo había dado, por eso no dudé que fuese el suyo, además, por qué iba a dudar, no me citaba en ningún sitio extraño ni solitario, no me hacía ninguna proposición indecente, no me pedía nada misterioso ni sucio y, sobre todo, me hacía tanta ilusión aquella primera y tímida cita, que lo único en lo que pensé en toda la mañana era en que llegase cuarta hora para saltarme la clase y acudir a su llamada.

Se lo dije a Marga, le enseñé el mensaje y se puso casi más nerviosa que yo.

—Ven conmigo, que me muero de vergüenza allí sola —le dije.

—¡Sí, hombre!, Marga, la carabina. ¡Venga, Alma! Que no se diga, a ver si ahora te vas a venir abajo después del tiempo que llevas esperando este momento…

Y cuando llegó cuarta hora, aproveché el cambio de clase, le guiñé un ojo a Marga y me quedé un momento en el baño de las chicas para esperar que todo el mundo estuviese en sus clases y no me pillase ningún profesor por allí.

Cuando todo estaba en silencio me asomé un poco al pasillo y aunque no vi a nadie y me moría de vergüenza, me acerqué tímidamente a la puerta del otro baño.

Fue cuestión de un segundo, alguien me cogió por la espalda, desde dentro, eran como un montón de manos que me agarraban por todos los sitios, que me metían papeles en la boca mientras yo tenía la sensación de ahogarme, de que iba a vomitar, de que me faltaba el aire para respirar, y sobre todo, la terrible sensación de estupidez que me aplastaba como una losa al darme cuenta de que había caído en su burda trampa como un insignificante mosquito en la tela de araña que aquellos cuatro habían tejido para mí.

Intenté defenderme, patalear, dar manotazos, pero mi lucha principal era respirar, algo tan simple como eso, respirar, y mientras trataba de echar fuera de mi boca todos los papeles que habían metido en ella para poder cambiarlos por aire y para poder gritar, ellos habían sujetado mis piernas con fuerza, atándomelas con las mismas pulseras que yo llevaba en la muñeca, esas pulseras de goma de colores en las que decía: «Best friends», los mejores amigos, y en otras apoyaba la igualdad entre sexos y la no discriminación. Aquellas pulseras que expresaban mi solidaridad con todas las causas habidas y por haber eran las que les estaban sirviendo para sujetarme allí en contra de mi voluntad.

Rosa y Tesa se sentaron sobre mis piernas sujetas por los tobillos, para que así dejase de moverlas, mientras Pincho y Mario me quitaban la camiseta y me arrancaban el sujetador, atándome las manos a la espalda para que no pudiese taparme con ellas.

Mientras hacían todo aquello, se reían entre ellos, y discutían sobre si debían seguir desnudándome o era mejor dejarlo para la próxima vez. Ellas me decían que así le iba a gustar mucho más a Roberto y ellos aprovechaban para sobar mi cuerpo con sus asquerosas manos mientras yo me sentía ahogar pues el aire me faltaba y notaba que el techo del baño daba vueltas en mi cabeza.

—Mejor la dejamos así —dijo Pincho—. El resto de la ropa te la quitamos cuando saques otro sobresaliente, listilla de mierda.

Se llevaron mi ropa y me dejaron allí, tirada en el suelo, atada de pies y manos, con lo cual no era capaz de ponerme de pie, solo de rodar en el estrecho pasillo que quedaba entre las dos hileras de servicios que había a un lado y a otro de donde yo estaba.

Intenté quitarme las gomas de las piernas o de las manos, no tenía que ser tan difícil, pero creo que el miedo me atenazaba y no me dejaba mover con soltura.

En aquel momento sentí que alguien entraba en el baño y pensé que eran ellos que volvían para rematarme, por lo que empecé a emitir ruidos extraños con la garganta, lo único que conseguí que saliese de mi boca llena de papeles, que al no poder echar fuera, me había ido tragando, pero no era ninguno de mis agresores quien

31

en aquel instante me miraba anonadado desde la entrada del baño.

Roberto, que imagino que habría recibido en su móvil un mensaje parecido al que había recibido yo, se había quedado paralizado al verme allí, y yo, muriéndome de vergüenza al encontrarme en aquella situación delante de él, rompí a llorar desesperadamente.

Se quitó la chaqueta que llevaba puesta y me la echó por encima para después soltarme las manos y las piernas. Mientras me ayudaba, se le veía muy nervioso y decía:

—Pero, ¿quién te ha hecho esto? ¿Quién?

—Déjame por favor, déjame…

Yo solo quería salir corriendo de allí, irme lejos, hundirme para siempre y no volver a salir a flote jamás, pero él insistía en que le dijese quién me había tratado así.

—Han sido Pincho y los otros —le dije pronunciando por primera vez el nombre de mis torturadores, acusándoles por primera vez delante de alguien.

Pero no esperé ni un segundo más, cuando me vi con las piernas y las manos libres me puse de pie y salí corriendo de los baños sin atender la voz de Roberto que me pedía que le esperase.

Volé fuera del instituto, la puerta de la calle estaba abierta y no sé si había alguien en secretaría o no, ni me importaba. Ni un ejército de profesores hubiera logrado que me detuviese en aquel instante.

Al salir de allí, vi de reojo la imagen de ellos cuatro sentados en los bancos de fuera, seguramente esperando mi salida, coreándome con sus carcajadas, humillándome con sus insultos que se clavaban en mi cabeza y me acompañaban en la frenética carrera que emprendí hasta llegar a casa exhausta, agotada, y preguntándome hasta cuándo iba a tener que aguantar aquella situación, dónde estaba mi propio límite, mi aguante físico y moral, qué habían hecho con la persona que yo era para convertirme en la piltrafa humana en la que me habían transformado.

No había nadie en casa, me metí en la ducha y estuve más de una hora dejando que el agua cayera por mi cuerpo, pero ni aún así conseguí sentirme limpia.

Cuando llegó mi madre, se sorprendió al verme allí y me machacó a preguntas que yo no respondí.

Me dijo que si no le contaba lo que me había pasado iba a ir a hablar con el director del instituto en aquel mismo momento, pero mi boca estaba sellada, no podía decir ni una palabra, solo era capaz de llorar y llorar a más no poder.

Cuando llegó mi padre, tuvimos otra vez el mismo jaleo, pero él salió de casa y se fue directamente al instituto sin que yo pudiera detenerle.

Me quedé en mi cuarto, imaginando lo que iba a pasar cuando mi padre llegase allí pidiendo explicaciones, cuando el director empezase a preguntar a los demás chicos si habían visto algo. Estaba segura de que Marga hablaría, de que cuando Roberto contase cómo me había encontrado en los baños y diese los nombres que yo le había dado se iba a formar un lío tremendo, les expulsarían del instituto y con aquellos antecedentes ya no les cogerían en ningún otro, se descubriría todo y aunque al principio me iba a costar mucho volver a clase y mirar a la gente de frente, quedaría bien claro que yo no había sido más que una víctima de todo aquello, que no era culpable, que los locos eran ellos y no yo.

Encogida en la cama y tapada toda entera esperé con ansiedad que llegase mi padre para contarme cómo había ido todo, cómo les habían hecho confesar lo que me habían hecho, cómo ya podía salir a la calle tranquila para siempre.

Mi madre estaba conmigo en la habitación, y aunque yo no quería hablar con ella, se sentó a mi lado y estuvo allí, en silencio, cogiéndome una mano que yo al principio rechacé, pero que, ante su insistencia, terminé aceptando, sin decir ni una palabra, solo sintiendo sus dedos entrelazados con los míos, apretándome fuerte, queriendo decirme sin hablar que estaba a mi lado, que siempre lo iba a estar. Sentí un impulso tremendo de abrazarme fuerte a ella y pedirle que no me dejase sola nunca más, pero no lo hice, porque significaría hacerle daño, y no merecía la pena, al fin y al cabo, ya estaba todo a punto de acabar, cuando mi padre llegase ya se sabría todo y la pesadilla habría terminado para siempre.

Se me hizo eterno hasta que sentí la llave en la puerta, mi madre salió corriendo de la habitación, y desde la cama les escuché hablar en el pasillo.

—¿Hablaste con el director? ¿Qué ha pasado? ¿Qué ha dicho?

—No ha dicho nada, no sabe nada, no entiende nada y hasta le ha ofendido que haya ido insinuándole que en su centro se dan situaciones sospechosas.

—Pero… pero entonces…

—Entonces nada. Le he dicho que han agredido a Alma, que algo está pasando allí porque no es la primera vez que llega a casa en estas condiciones, y me ha dicho que le dé pruebas, que no se puede acusar así porque sí y hacer responsable al centro de los descuidos de los padres.

—¿Descuidos? Pero, ¿qué descuidos? ¿Qué dice?

—Dice que dejamos en manos de los centros toda la educación de los hijos y que estas son las consecuencias, que a los quince años todos los chicos tienen crisis de identidad y tratan de llamar la atención como pueden, que es eso lo que puede estarle pasando a Alma, que quiere que le hagamos más caso, pero que si no tenemos pruebas, allí no vuelva a pedir explicaciones.

Me quedé en la cama paralizada, mis padres vinieron a verme, pero me hice la dormida, no quería escuchar nada más, era como si se hubiese abierto un vacío enorme a mis pies, un vacío inmenso que tenía que saltar o perderme en él para siempre, y puedo jurar que en aquel momento pensé que esa era la única solución, saltar al vacío, apartar para siempre aquella angustia de mí, dejar de sufrir y de hacer sufrir a los demás, me sentía sin fuerzas para dar un paso más como no fuese el paso definitivo que me librase de todo para siempre.

Imagino que cuando mi hermana llegó a casa, mis padres le contaron lo que había pasado, o lo que ellos creían que había pasado, y fue enseguida a la habitación a verme.

—Pero, ¿qué pasa? —dijo al encontrarme allí agazapada entre las mantas y a oscuras.

—¡Déjame! —le respondí porque no quería ver a nadie más.

—Vale, vale. Que yo solo quería darte esto que me han dado esas amigas tuyas.

—¿Qué amigas? —pregunté incorporándome de golpe en la cama.

—Esas dos raritas, las que van de góticas o de siniestras o yo qué sé. Me dijeron que te habías dejado estas pulseras olvidadas en los baños del instituto y que te las diera.

Sobre la mesilla, Bea me dejó las pulseras de goma que horas antes habían servido para atarme de pies y manos, las de apoyo y solidaridad con las causas más variopintas, las que se habían quedado tiradas en el suelo de los baños de los chicos cuando salí corriendo de allí tapándome con la chaqueta de Roberto.

Era su advertencia para hacerme saber que su tortura no había terminado, que seguían por allí, rondando mi vida, que aunque yo tuviese el móvil desconectado o el ordenador apagado había mil formas de hacerme llegar su oscura presencia. No quería ni saber hasta dónde serían capaces de llegar, lo que me preocupaba era pensar hasta dónde estaba yo capacitada para aguantar, hasta dónde podría soportar una chiquilla de quince años tanta humillación y tanto daño como yo estaba soportando.

Por la noche mis padres me obligaron a sentarme a la mesa, pero no probé bocado. Nadie tenía ganas de hablar, y lo único que se escuchaban eran las noticias que estaban dando en la televisión: el cadáver de una chica de quince años había sido encontrado en el cauce seco de un río. Todo indicaba que se había lanzado desde lo alto de un puente para quitarse la vida a causa del acoso que sufría por parte de algunos de sus compañeros.

«Es mi cadáver», pensé, «He saltado al vacío y lo han encontrado». «Estoy muerta para siempre, todo se acabó».

A aquella chica no le había servido de nada denunciar lo que le estaba ocurriendo, ni siquiera que sus padres la acompañasen a todos los sitios, ni que en el centro todos los profesores supieran lo que estaba sucediendo, al final, estaba claro que no había podido más y había puesto fin a su historia con la única solución que era la definitiva.

Y yo la comprendí, sin conocerla de nada me sentí tan identificada con ella que cada vez que escuchaba hablar de su caso era como si estuviesen hablando de mí en los informativos de todas las cadenas.

Empecé a buscar datos en Internet, datos que pudieran aportarme información de lo que tenía que hacer, me pasé la noche leyendo historias tan parecidas a la mía que por un momento pensé que Pincho y los demás se dedicaban a viajar por todo el país haciendo lo mismo en diferentes institutos, pero no era eso, era que el perfil de los acosadores era muy similar en todos los casos, aunque lo malo era que el perfil de las víctimas también era muy similar: buenos estudiantes, tímidos, introvertidos, personas con tendencia al aislamiento y a las que era fácil amedrentar.

Datos había muchos, pero soluciones, muy pocas. Siempre se recomendaba denunciar, como en los casos de violencia de género, pero siempre había víctimas, chicos y chicas que como única salida optaban por quitarse la vida para terminar con sus problemas y los que les estaban acarreando a sus familias.

Regresé a clase a los tres días del incidente del baño. Mi madre me llevó hasta la puerta, pero el corto camino que había desde allí hasta mi clase se me hizo interminable. No sé si era cierto o simplemente una impresión mía, pero tuve la sensación de que todos los ojos me miraban, de que todas las bocas murmuraban de mí, de que todas las cabezas se volvían a mi paso.

Me senté en mi sitio y al momento tuve en torno a mí a las cuatro sombras rodeándome sin decirme ni una palabra.

No me enteré de nada de lo que se dijo en clase, solo estaba pendiente de no moverme, de no hacer nada que pudiese provocar su ira, que pudiese desencadenar algún incidente.

No llevábamos ni media hora de clase cuando Mario, que estaba sentado a mi lado, levantó la mano y al preguntarle el profesor qué era lo que quería dijo:

—Alma dice que se encuentra mal y que tiene que ir al baño.

Me quedé paralizada, no me esperaba aquello y no sabía qué decir.

—¿Qué pasa, Alma? ¿Te ocurre algo? ¿Quieres salir?

—Pero si yo no he dicho nada… —balbuceé como pude.

—Me lo ha dicho a mí ahora mismo —insistió Mario—, lo que pasa es que le da corte, dice que la está ahogando la camisa y que quiere ir al baño a quitársela, me parece que no es la primera vez que le pasa.

Hubo una risa generalizada por toda la clase, y yo seguía allí, intentando defenderme como podía.

—Eso no es cierto, yo no he dicho nada.

—A ver —dijo el profesor—. Si no te encuentras bien no pasa nada, te vas al baño y ya está...

—Pero que no he dicho nada, que no he hablado.

—Yo también lo he oído —dijo entonces Pincho—. Si lo acaba de decir ahora mismo, que si podía acompañarla Rosa al baño porque se estaba poniendo mala...

El profesor se debía de sentir un tanto confuso y con la sensación de estar perdiendo el tiempo de su asignatura para discusiones absurdas.

—Venga, ya está bien, parecéis niños de párvulos. Rosa, acompaña a Alma al baño y si no se encuentra bien vais a secretaría y que avisen a su casa, se acabó.

Y me encontré saliendo de clase, sin voluntad para revelarme ante algo que no quería hacer, dejando que mis pies me arrastrasen fuera de allí aunque yo quisiera quedarme.

En el pasillo, Rosa se acercó tanto a mí que noté su aliento caliente muy cerca de mi cara.

—¿Ya te han dicho que el jueves hay examen? Bueno, pues por si no lo sabes, te lo digo yo, y fíjate si soy lista que hasta sé la nota que vas a sacar: un cero. ¡Verdad?

Hice ademán de separarme de ella y volver a clase, pero me cortó el paso volviendo a hablarme muy cerca de la cara, no sé si para que yo la escuchase bien o para que nadie más lo hiciera.

—¿Le gustaste a Roberto? Seguro que le pusiste un montón, ¿no? Ya sabes, la próxima vez en pelota picada, estás advertida, empollona de mierda, estás advertida.

Y regresé a clase sin haber abierto la boca, seguida de mi tétrica escolta.

—¿Ya te sientes mejor? —me preguntó el profesor.

—Sí —dijo Rosa—, ya está mucho mejor, aunque no quería volver a clase porque dice que le caes muy gordo, pero bueno, al final la he convencido.

Risa general, y silencio por parte del profesor, que bajó la mirada y siguió explicando como si no hubiese oído nada.

No era una sensación mía, estaba segura de que todo el mundo sabía cómo se comportaban aquellos chicos, pero nadie era capaz de plantarles cara, y aunque eso no me sorprendía en mis compañeros, porque a mí misma habían logrado atenazarme, sí me sorprendía en los profesores, que veían aquellas actitudes, que escuchaban comentarios, risas o contestaciones violentas por parte de ellos, y no se daban por aludidos, guardaban silencio y pasaban del tema como si al sonar el timbre terminase su cometido y le pasasen la patata caliente al siguiente profesor.

Por supuesto que perdí la escasa relación que tenía con Roberto, ni siquiera me atrevía a mirarle si me le cruzaba en los pasillos, y aunque varias veces llevé a clase su chaqueta para devolvérsela, no fui capaz de hacerlo solo por no tener que mirarle a la cara.

También mi relación con Marga se fue diluyendo poco a poco, y no era extraño, porque era imposible quedar conmigo para nada. Me negaba a salir de fiesta, a dar una vuelta por las tardes, dejé de ir al cíber en los recreos o de saltarme clases por muy rollo que fuesen, porque, aunque en clase no estaba bien, pensar en ir a otro sitio me aterrorizaba. Marga me llamaba al móvil para quedar y siempre lo tenía apagado, en los cambios de clase trataba de hablar conmigo pero yo no quería abrir la boca, iba a verme a casa por las tardes y yo le decía a mi madre que le dijese que no estaba, pero sé que no lo creía, ella sabía bien que yo no salía a ningún sitio, hasta que poco a poco se fue relacionando más con otras chicas y se dio por vencida conmigo.

No puedo culparla, porque tuvo mucha paciencia, pero yo lo único que quería era irme quedando sola, tal vez para no tener que hablar del tema, para no tener que reconocer delante de mí misma que el problema seguía persiguiéndome por mucho que yo quisiera huir de él.

Mi vida se redujo a ir de casa al instituto y del instituto a casa, por supuesto, con mi madre. Mi hermana salía mucho más que yo, lo cual, aunque no era normal, a mí no me preocupaba lo más mínimo. No tenía planes ni para el día siguiente porque la única idea que latía en mi cabeza cada vez con más intensidad era la de saltar al vacío, como había hecho aquella chica, como habían hecho tantos otros para terminar de una vez por todas con el sufrimiento.

¿Que era una cobardía? Me daba lo mismo, me era absolutamente igual lo que dijesen de mí cuando yo ya no pudiera oírlo. En el silencio de la noche, cuando no era capaz dormir en condiciones, me imaginaba mi propio entierro y no lo veía como algo triste o macabro, me parecía una auténtica liberación.

Imaginaba a mis padres, sufriendo, llenos de dolor, pero al fin y al cabo, la vida seguía, se volcarían en mi hermana, en que no sufriese, en que mi «partida» no le dejase ningún trauma, y con el tiempo superarían mi ausencia. Veía también a Mario, Pincho, Rosa y Tesa, tal vez frotándose las manos al ver que habían conseguido su objetivo, o tal vez asustados al pensar que se les había ido la mano conmigo, pero me era indiferente, cuando yo ya no estuviese, me importaba muy poco lo que ellos dijesen o pensasen de mí, ya no podían hacerme daño, yo ya estaría por encima del bien y del mal, y al contrario de lo que pudiera parecer, por fin les habría vencido, porque, hicieran lo que hicieran, nada podía afectarme.

Por supuesto que suspendí el examen siguiente, no puse nada más que el nombre y entregué la hoja sin el menor remordimiento, pero aquel examen fue simplemente el primero de una larga lista de suspensos, cosa que a nadie le sorprendió demasiado, porque con mi extraña actitud y mi aislamiento todo el mundo daba por hecho que tenía una depresión o algo así, algún tipo de problema mental, como le dijo el tutor a mis padres cuando fueron a hablar con él para ver lo que estaba pasando con mis notas: «problemas mentales que ustedes tendrán que solucionar, porque eso no es cosa del centro». La etiqueta de «loca» estaba sobrevolando mi cabeza, a punto de aterrizar sobre mí para siempre, pero ni eso ni nada me importaba.

Lejos de lo que había pensado, hacer caso a mis acosadores y suspender los exámenes no fue una solución al problema, porque cuando lograron eso, idearon nuevas formas de tortura para mí. Sus mentes maquiavélicas no tenían descanso, y jugaban con la ventaja de que yo era un ser anulado, sin fuerzas, sin ánimo y sin interés alguno. Mi única meta era ya encontrar el momento ideal para poner fin a todo aquello, para cerrar la puerta de mi vida, y lo que ocurriese mientras tanto era un simple intermedio que no me preocupaba lo más mínimo.

Me pidieron dinero, sí, porque querían saber hasta dónde podían tensar los hilos con los que me manejaban, y como les dije que yo no tenía dinero, porque además era la pura verdad, empezaron de nuevo los pequeños «accidentes», aquellos que ocurrían en el mismo instituto pero que nadie veía: mi cuaderno de apuntes hecho jirones y esparcido por el patio, mi abrigo que desaparecía de la percha en la que yo lo dejaba al llegar a clase y aparecía embadurnado de tinta permanente en otra clase varios días después de volverme loca buscándolo, pellizcos en clase, delante de los propios profesores para que yo no pudiese quejarme de nada, porque si lo hacía, ellos lo iban a negar todo, no había que olvidar que la que tenía «problemas mentales» era yo. Pero con todo aquello podía, lo que no pude soportar fue cuando mi madre empezó a trabajar para hacer una sustitución en un hospital y la semana que le tocaba de mañanas tenía que entrar a las ocho, con lo cual no podía llevarme a clase a las ocho y media, que era mi hora de entrada.

Le dije que no pasaba nada, que podía ir sola perfectamente, que ya me encontraba mejor, y ella me dijo que si estaba segura de lo que estaba diciendo, porque si no me sentía con fuerza, prefería dejar el trabajo antes de que yo lo pasase mal. Yo sabía el tiempo que llevaba mi madre esperando para hacer una sustitución, y no iba a consentir que perdiese la oportunidad por mi culpa.

Fui tres días sola y me sentí como si de repente me hubiese hecho mayor, como si hacer aquello que todo el mundo hacía sin darle mayor importancia fuese como haber logrado un triunfo, pero la ilusión duró solo eso, tres días.

Supongo que tenían controlados todos mis movimientos, y en el momento que se dieron cuenta de que iba sola a clase, desplegaron sus armas y volvieron al ataque en la calle, donde podían actuar sin tener tanto cuidado como en el instituto.

Nada más que sentí la moto a mis espaldas supe que algo me iba a pasar y me bloqueé por completo. No sé qué músculos o qué nervios pueden provocar esa reacción, no sé si es lo que llaman una crisis de ansiedad, de pánico o de lo que sea, lo que sé es que en cuestión de segundos mi cuerpo se ponía rígido, y cuanto más quería correr, más me pesaban las piernas, más imposible me resultaba, al tiempo que comenzaba a respirar muy rápido y todo mi cuerpo se empapaba de sudor.

Se detuvieron a mi lado y yo quise echar a correr, pero no pude. Hubiera dado lo mismo, por mucho que corriese, ellos tenían moto y lo que hicieron fue obligarme a subir en ella, entre los dos, apretándome muy fuerte, aprisionándome allí y arrancando para que no pudiese hacer nada.

Puede parecer ridículo o absurdo, pero, por increíble que resulte, yo no podía gritar, ni pedir ayuda, ni salir corriendo a llamar a alguien, no podía, me paralizaba y era como un bloque que ellos manejaban fácilmente.

Con los tres encima, la moto no podía correr mucho, así que tiraron por un camino que había detrás de unas casas, apartado y solitario a aquellas horas de la mañana, y entre los dos me tumbaron en el suelo.

No ocurrió lo que yo pensé que iba a ocurrir, no me desvistieron, ni me tocaron, ni me forzaron a nada, su intención era otra, la llevaban bien estudiada y funcionó tal y como lo tenían planeado. Extendieron mis brazos a los dos lados del cuerpo y Mario se subió literalmente encima de mis manos clavándome los tacos de las botas que llevaba con tanta fuerza que grité todo lo que pude por el intenso dolor que me estaba causando.

Justo entonces, cuando yo tenía la boca abierta, Pincho introdujo en ella un aparato de metal que después vi que era una especie de alicate, lo colocó sobre uno de mis dientes y tiró de él con tanta fuerza que por unos momentos pensé que lo que quería era arrancarme no el diente, sino toda la cabeza.

—¿Tienes dinero? —repetían mientras uno seguía pisándome y el otro se afanaba en tirar del diente que se resistía a abandonarme—. ¿Tienes dinero, pija de mierda? Verás como sí, verás como para ir al dentista sí que tienes dinero. Y esto es solo una muestra de lo que te va a pasar si no eres una pija obediente.

Aquella vez sí que perdí el conocimiento. Cuando desperté, el sol me dio de lleno en los ojos y casi no podía abrirlos, ni moverme, ni hablar, me dolía absolutamente todo y no sabía lo que tenía que hacer para levantarme de allí porque solo el respirar ya me provocaba tal dolor que pensé que sería mejor ahogarme que intentar llenar los pulmones de aire de nuevo.

No me quitaron el diente, se ve que me desmayé y se asustaron, aunque no sé si hay algo que pueda asustar a personas así, pero aunque con la lengua me tocaba las encías y me daba cuenta de que no me faltaba ningún diente, debía de tener la boca sumamente inflamada de tanto como tiraron, aunque lo que tenía completamente destrozadas eran las manos. Estaban hinchadas y llenas de moratones, no podía moverlas, ni doblarlas, no sabía lo necesarias que eran mis manos hasta que me vi de aquella manera, sin poder utilizarlas para nada.

Hubiera sido incapaz de llegar a casa de no ser porque me encontraron unos chicos que estaban haciendo footing y al verme allí tirada se apresuraron a atenderme.

Me dio la impresión de que no me creyeron cuando les dije como pude que me había caído. Se ofrecieron a llamar a mis padres pero yo no quería asustarles, entonces no me dejaron marchar sola, estaba claro que me caía, que no me tenía en pie, y lo que hicieron fue llamar a una patrulla de la policía, lo cual fue peor todavía, porque estos sí que me insistieron para que les diese el teléfono de mis padres y cuando mi madre recibió una llamada de la policía para decirle que su hija había sufrido un accidente, no quiero ni imaginar lo que pasó por su cabeza, pero creo que es bastante decir que renunció al trabajo y no volvió a dejarme ir sola.

Entonces la rueda de culpabilidades se puso en marcha: yo me sentía culpable de que mi madre tuviese que dejar el trabajo por mí, mi madre se sentía culpable de que me hubiera sucedido aquello por haberme dejado sola, por haber preferido el trabajo que el cuidado de su hija, mi padre se culpabilizó de no haber asumido él la tarea de acompañarme al instituto, solo por no pedir permiso en la oficina, y mi hermana se sentía culpable de no tener nada por lo que sentirse tan culpable y tan mal como nos sentíamos todos los demás.

Aunque nadie me creyó, no di mi brazo a torcer y mantuve que me había caído cuando iba a clase. No abrí la boca cuando me preguntaron qué hacía yo en aquel camino que no quedaba dentro de mi ruta habitual, ni cómo podía haberme hecho aquellas lesiones en las manos y en la boca con una simple caída.

Me daba igual lo que creyesen o no, además, ellos ya habían dejado de confiar en mis respuestas, y aquella misma tarde me obligaron a acompañarles al despacho del director, solicitando que el tutor de mi curso estuviese presente en la reunión. Yo no quería ir ni atada, pero mi padre dijo que si no iba por mi pie, me llevaría él en brazos, y no creo que le hubiese costado demasiado, entre la ira que se había apoderado de él y la poca fuerza que yo tenía, me hubiera llevado sin el menor esfuerzo donde hubiese querido.

—Mi hija ha sufrido otra agresión —le dijo al director—, y ya que ella se niega a contárnoslo porque evidentemente teme las represalias de quien se lo haya hecho, quiero saber si ustedes han observado algo en las clases, si hay alguien que se mete con ella, alguien que la acose o le haga alguna forma de presión que nosotros desconocemos y que está convirtiéndola en una sombra de lo que era. Por favor, ¿hay algo que ustedes sepan, algo que nosotros debamos conocer?

El tutor y el director se miraron en silencio, y habló este último con un clarísimo afán de consolar a aquel padre desesperado y a aquella madre que no dejaba de llorar, sin duda alguna, una familia de locos:

—Aquí no hemos visto nada, ya se lo dije a usted la otra vez, busquen ustedes en otro sitio porque el problema no está en el centro, está en su hija, en ustedes, en su núcleo familiar... Yo no soy quién para aconsejarles, pero, en mi modesta opinión, no les vendría mal el asesoramiento de un profesional, de un buen psicólogo que les orientase sobre cómo reaccionar ante este problema...

—Han estado a punto de matar a mi hija y usted nos está llamando locos, ¿es eso? —dijo mi padre poniéndose de pie y exaltándose tanto que mi madre se acercó a él para pedirle que se tranquilizase—. Hay alguien que le está haciendo daño y que estoy seguro de que es de este centro que usted tiene en tal alta estima... pero le advierto que si no cuento con su colaboración, la reputación de este maravilloso instituto va a quedar en entredicho, voy a mandar cartas a la prensa, voy a citar este lugar como un sitio donde se permite el acoso a los alumnos sin que los profesores hagan nada por evitarlo.

—Un momento, un momento —dijo entonces el tutor que hasta entonces había estado en un silencioso segundo plano—. Vamos a aclarar las cosas empezando por el principio, no perdamos los estribos, por favor.

Y dirigiéndose a mí, me dijo en un tono muy suave:

—Vamos a ver, Alma, contesta con la mayor sinceridad, no va a pasar nada, solo queremos que digas la verdad: ¿alguno de tus compañeros, alguno de los chicos o chicas del centro te está haciendo esto?

Y sin pensármelo dos veces, con la boca todavía muy hinchada y sintiendo en las manos las botas de Mario clavándose con toda su fuerza dije:

—No, no hay nadie, me he caído y ya está.

Entonces, el director miró a mi padre y le dijo:

—Con esto, amigo mío, ya puede usted ir donde quiera, que si su hija dice que se ha caído, es que se ha caído por más que intente implicarnos a los demás.

Salimos del instituto cada uno con una sensación diferente: yo con la certeza de haber traicionado a mis padres, que lo único que querían era ayudarme, y ellos con la seguridad de que el problema era mucho más grave de lo que imaginaban porque me habían visto negar lo que ellos consideraban evidente.

Antes de regresar, a casa mi padre dijo que tenía que pasar por la oficina, me fastidió mucho porque lo único que quería era llegar a mi cuarto, meterme en la cama y esconderme entre las sábanas como hacía cada vez más a menudo, pero no dije nada. No hablamos ni una palabra, yo iba encogida en el asiento trasero y solo despertó mi atención el ruido que hizo el coche al pasar por una zona que estaba en obras.

Me incorporé un poco en el asiento y miré a través de la ventanilla, mi padre conducía despacio, porque estábamos pasando por un tramo de carretera que estaban arreglando para ensancharla. Al asomarme vi a mis pies un enorme precipicio. Caer desde allí tenía que significar un final seguro.

Ya tenía el sitio, solo me faltaba concretar el día, y ese día no podía estar muy lejos, porque mi límite de resistencia estaba tocando a su fin.

Con quince años yo no tenía ni tarjeta del banco, ni cuenta, ni nada, simplemente ahorraba lo que podía de las propinas que me daban mis padres y los abuelos de vez en cuando. Era el dinero que utilizaba para cargar el móvil, para tomar un refresco cuando salíamos por ahí o para los regalos de cumpleaños, lo normal en una chica de mi edad, pero como últimamente ni recargaba el móvil, ni salía de casa, ni nadie me invitaba a los cumpleaños, iba guardando las propinas y tenía ahorrados más euros de los que había logrado reunir nunca, pero ni me ilusionaba tenerlos, ni me había planteado emplearlos en nada concreto, porque ya no había nada que me llamase la atención, que me apeteciese tener, que me quisiera comprar. Lo que había pensado era dejárselos a mi hermana cuando yo me «fuese», seguro que ella les daría mejor uso que yo, porque se la veía una chica feliz y contenta, que no comprendía nada de lo que me estaba pasando a mí, que lo único que tenía claro era que yo estaba «de atar», y que mis padres estaban igual o peor que yo.

Me daba envidia verla así, entrando y saliendo libremente de casa, sin preocuparse de que nadie fuese detrás de ella, sin pensar que podían hacerle la vida imposible, yendo y viniendo a sus clases, hablando con sus amigas por teléfono horas enteras, partiéndose de risa por todo y disfrutando de una vida que ya ni me acordaba de que era la que yo había tenido hasta que habían empezado a hacérmela imposible.

Bea iba a un instituto distinto del mío, porque cuando nos cambiamos de casa dos años atrás, mis padres nos quisieron cambiar de centro a las dos, para uno que estaba más cerca del nuevo domicilio, pero yo me negué porque no quería cambiar de amigos, de profesores, de sitio y de todo, me cuesta mucho hacer amistades con la gente y cuando lo consigo no quiero volver a empezar, así que yo me quedé en el instituto que ya estaba, y Bea, que dejaba aquel año el colegio, empezó en el que mis padres querían. Mil veces me arrepentí de no haber cambiado, las mismas que me alegré de que mi hermana fuese a otro sitio en el que parecía que no había los mismos problemas, pues, por lo que contaban mis padres, allí los profesores estaban muy implicados con el centro, cuidaban mucho las relaciones con los alumnos, no se permitía la menor falta de respeto, y, sin aplicar una disciplina espartana, lograban mantener un nivel equilibrado de comunicación entre los padres, los alumnos, los directivos y los profesores.

Por eso mi padre insistía en que el curso siguiente me cambiarían de sitio tanto si yo quería como si no, pero aunque al principio había discutido mucho con él sobre el tema, ya no me molestaba en llevarle la contraria, ¿para qué? Al fin y al cabo, cuando comenzase el curso siguiente yo ya no estaría ni en un centro ni en el otro.

Les di a mis acosadores todo el dinero que tenía ahorrado, que no se acercaba ni con mucho a la cantidad que ellos me habían pedido, y cuando me quedé sin nada, me dijeron que si no lo tenía, lo robase.

En clase, el ambiente era insoportable, todo el mundo veía que me tenían acorralada, que me rodeaban y no me dejaban ni respirar, pero como me había convertido en una chica aislada y rara con todos, pasaban de mí, y no les puedo criticar por eso, porque si yo no ponía interés en cambiar de actitud, no lo iban a poner los demás.

Mis cuatro «ángeles negros», como les gustaba llamarse, porque decían que eran como mi ángel de la guarda, que no me abandonaban ni de noche ni de día, seguían manteniendo su actitud prepotente y altanera no solo conmigo, sino también con algunos profesores, los que tal vez eran un poco más pusilánimes, como me ocurría a mí, los que no tenían agallas para plantarles cara, porque sabían que aquello les podría traer problemas.

Una vez, Luzma, la que estaba sustituyendo al de Educación Física, echó de clase a Mario y a Tesa, porque mientras ella estaba explicando un ejercicio, ellos dos empezaron a cantar una canción de esas macabras que hablaba de cosas horrendas.

Luzma les pidió varias veces que se callasen, y cuando les mandó a la calle, Mario le dijo sin dudarlo que a la calle se iba a ir ella porque con el contrato de mierda que tenía se había buscado la ruina echándoles a ellos de clase.

Por la tarde, la profesora se encontró el coche con las cuatro ruedas pinchadas, pero nadie había visto nada. Al día siguiente, el director la hizo llamar a su despacho: por lo visto, los padres de los alumnos que ella había echado de clase le habían puesto una denuncia en la delegación del ministerio de educación porque no era legal castigar a los alumnos expulsándoles de clase. Según supe tiempo después, el director exigió a Luzma que se disculpase con los alumnos y le dejó bien claro que si volvía a suceder algo semejante, se vería en la obligación de abrirle un expediente disciplinario.

No fue la única profesora acosada por ellos. Sofía, la de Francés, vivió un día un episodio parecido cuando Pincho y Rosa se pusieron a besarse escandalosamente en medio de la clase, como si estuvieran solos, como si no hubiera nadie más a su alrededor.

—¡Pero bueno! Pero, ¿esto qué es? Sois unos indecentes, nos estáis faltando al respeto a todos nosotros. Haced el favor de comportaros de una manera educada ahora mismo o si no, os salís de clase y continuáis a vuestros asuntos...

Sofía es una mujer a punto de jubilarse, que no está acostumbrada a tener que soportar este tipo de situaciones en las aulas, ni siquiera a que los alumnos la traten de tú, así que sus oídos no estaban ni mucho menos acostumbrados a frases como las que dijo Pincho:

—¡Mira la vieja! A ver si va a resultar que lo que tiene es envidia...

Toda la clase le rió la gracia, mientras él y Rosa se dieron otro repaso ante los ojos de la asustada profesora que bajó a toda prisa al despacho del director creyendo que este se iba a escandalizar tanto como ella cuando le contase lo sucedido.

Por lo visto no fue así, imagino que fiel a sus teorías de que todos los chicos y chicas a «esas edades» intentan llamar la atención, le diría a Sofía que no les hiciese demasiado caso y que pasase de ellos como hacía todo el mundo, pero la pobre mujer o bien no pudo resistirlo o bien se negó a adaptarse a aquellos «nuevos tiempos» en los que el concepto de enseñanza y sobre todo el de respeto se habían deteriorado tanto, y la segunda vez que Pincho le dijo que si necesitaba «un buen revolcón» él estaba dispuesto a ayudarla, ella no volvió por clase, le dieron una baja por depresión y no regresó en todo el curso.

No era la única profesora del centro que estaba de baja, había por lo menos otros dos, uno por estrés, y otro por síndrome de ansiedad.

—Miedo —decía mi padre acercándose mucho a la verdad—, los profesores tienen miedo de los alumnos, eso es lo que está pasando, que ya no pueden con ellos, que les han dejado ganar demasiado terreno, que nadie hace nada para arreglar esta situación, porque si hasta los padres protestan cuando los profesores llaman la atención a sus hijos, no podemos esperar nada mejor. Si esto no se empieza a arreglar en las casas, en los colegios o en los institutos no podrán arreglarlo.

Y ahora veo que no le faltaba razón.

La primera vez que le cogí dinero a mi madre de su cartera, me sentí muy mal, como una auténtica ladrona, una traidora y una basura humana. Mi autoestima, que ya estaba por el suelo, terminó por perderse en el más profundo de los pozos que uno se pueda imaginar. Las veces siguientes iba alternando de la cartera de mi madre a la de mi padre, para que no se notase tanto, porque, aunque no cogía cantidades grandes, temía que se diesen cuenta. Lo hacía por la noche, cuando ya estaban acostados y dejaban sus cosas en el cuarto de baño, o en un ropero, a la entrada de casa, como habíamos hecho siempre, porque ni mi hermana ni yo habíamos cogido jamás ni un céntimo sin pedir permiso aunque estuviese el dinero a nuestro alcance. Por lo tanto, la confianza de mis padres era absoluta, y a mí me dolía en el alma hacer lo que estaba haciendo, me preguntaba en qué me había convertido, qué había ocurrido para que de ser una hija modelo, buena estudiante y mejor persona, hubiese pasado a ser una ladrona, una carroña que no me merecía el cariño que mis padres me daban ni la ayuda que intentaban prestarme a pesar de que yo seguía perdiéndome en mi obstinado silencio.

Pero ni el dinero, ni la sumisión a la que yo misma me había relegado, ni todos los suspensos que sacaba bastaban a Pincho y los suyos para sentirse satisfechos, para cansarse de mí. Estaba claro que cada vez que cedía a una de sus caprichosas ocurrencias era para después dar paso a otra más enrevesada todavía. La última ocurrió cuando Luzma, la profesora de gimnasia, nos llevó a dar una clase de natación al polideportivo.

Yo sabía que algo iba a pasar, lo sabía, porque les había visto cuchichear y reírse mirándome, intuyendo de sobra que hablaban algo de mí, que planeaban algo para mí, pero pensé que mi mejor protección sería no separarme nunca del grupo, no quedarme sola, y así lo hice, aunque era imposible estar vigilando todo a la vez: cuando estábamos en el agua, con la profesora, no podía estar en los vestuarios controlando mi ropa.

Cuando la clase terminó y nos fuimos a cambiar, la bolsa de deporte que yo había dejado con la del resto de las chicas no estaba.

Se lo dije a la profesora y ella trató de tranquilizarme diciéndome que sin duda sería una broma de mis compañeras, y no dudó en expresarlo así delante de ellas y ordenar que de inmediato me fuese devuelta.

Yo sabía que no era como ella pensaba, que ni se trataba de una broma, ni mi ropa iba a aparecer más. Miré a Rosa y a Tesa, y ellas, conteniendo la risa para que Luzma no se diese cuenta, enfrentaron mi mirada desafiantes, como si me estuvieran diciendo: «demuestra que hemos sido nosotras».

—Está bien —dijo Luzma—. Que nadie se mueva de aquí, porque esa bolsa va a aparecer como sea, o no nos iremos a casa, yo no tengo prisa. Alma, ven conmigo, vamos a echar una mirada por las instalaciones, no sea que el autor de esto la haya dejado en cualquier sitio.

Recorrimos los baños, el resto de los vestuarios y hasta le pedimos al vigilante que mirase en los vestuarios de los chicos, pero mi bolsa seguía sin aparecer. Volvimos a la piscina y nada más entrar lo vi.

Allí estaba todo, tirado en el agua, esparcido como si lo hubiesen sembrado: la toalla, la ropa interior, las zapatillas, la camisa… Todo, cada cosa por un lado de la piscina.

—No te preocupes —me dijo ella muy cariñosa—. No pasa nada, ahora mismo voy a mi coche y te traigo un chándal que llevo siempre en el maletero, no te preocupes, esto no va a quedar así, de eso me encargo yo. Ahora vete recogiendo todo eso, no quiero que quede nada ahí tirado, vengo ahora mismo con la ropa.

Me tiré al agua para ir cogiendo las cosas, y ella salió del recinto. Fue quedarme sola y aparecer Mario y Pincho no sé de dónde, pero antes de que pudiese llegar al borde, ellos ya estaban dentro del agua sujetándome cada uno por un lado y empezando a meterme y sacarme la cabeza dentro del agua.

No sé cuánto duró aquello, pero a mí me pareció que había sido una eternidad. Cada vez me tenían más tiempo la cabeza dentro y me dejaban menos para coger aire, yo tosía, me sentía ahogar, me agarraba instintivamente a ellos en un intento desesperado de que me dejasen, pero era imposible luchar contra los dos.

Lo único que pensé en aquellos momentos era que si me moría allí ya no tendría que saltar por el puente, y que, si salía viva de aquello, no iba a esperar ni un día más en hacerlo, porque lo que estaba pasando no era una forma de vivir, era una tortura continua que no podía soportar por más tiempo.

Cuando Luzma regresó a la piscina, se cruzó con ellos saliendo hacia los vestuarios. Tuvo que meterse a sacarme porque me habían dejado en el medio y yo no era capaz de nadar hasta la escalerilla.

—¿Qué ha pasado? ¡Alma! ¿Qué ha pasado? ¿Qué te han hecho? ¿Han sido ellos? ¡Dime, por favor! ¿Han sido ellos?

Lo negué mil veces, le dije que me había dado un calambre y que por eso no conseguía salir sola, que ellos no tenían nada que ver, que me dejase tranquila.

—Mira, Alma —dijo mientras me envolvía en su toalla—. Sin tu colaboración no puedo hacer nada, quiero ayudarte porque sé que aquí está pasando algo, pero si tú lo niegas no sacaremos nada en claro.

—Me dio un calambre —repetí como un autómata.

—Yo siempre estaré aquí para cuando te canses de callar. Recuérdalo, puedes contar conmigo.

«Puedes contar conmigo», esa era la frase que vimos escrita con spray en los cristales de su coche cuando, después de vestirnos y recoger todo, Luzma y yo salimos a la calle juntas porque se empeñó en llevarme a casa.

De nuevo, sus cuatro ruedas estaban pinchadas, y por si eso era poco, se habían molestado en recorrer toda la carrocería del coche con el filo de una llave. El aparcamiento no tenía vigilante, nadie vio nada.

Me sentí responsable de lo que pudiera sucederle a Luzma por quererme ayudar, era como si me estuviesen advirtiendo que vigilaban todos mis pasos y estaban al tanto por si me iba de la lengua, como si me quisieran dejar claro que si hablaba, atacarían también a todo aquel que me escuchase, y yo no quería aquello, podía haberme convertido en un guiñapo humano, pero conservaba intacto el instinto de protección a los demás, a las personas que por encima de todo querían ayudarme, y Luzma era una de ellas.

Aquella noche no dormí apenas, me dediqué a preparar el día siguiente, el que iba a ser un día definitivo, mi último día.

No escribí ninguna nota de despedida, hubiera sido imposible hacerlo sin desarmarme, y además, imaginaba a mis padres y a mi hermana leyéndola y seguro que les iba a destrozar más todavía. Claro que si no lo dejaba explicado, se iban a preguntar mil veces por qué, pero seguro que las razones no iban a tardar en descubrirse.

Llevaba mucho tiempo escuchando noticias parecidas en la televisión, y después de que la víctima había puesto fin a su vida, todo el mundo empezaba a soltar datos, a contar cosas, a atar cabos con pequeños detalles que de haber contado antes hubieran logrado salvar esa vida, pero que contados después ya no servían para nada, bueno, sí, para que la familia supiera que su hijo o su hija había estado pasando un calvario y por eso había llegado a aquel extremo.

Dentro de los preparativos que hice, no olvidé dejar en la cama de mi hermana unos cedés de música y fotografías de cantantes que me había pedido mil veces y que nos habían servido para pelearnos en infinidad de ocasiones. Quería que supiera que ya eran suyos, que se los daba con todo el cariño del mundo para que no se sintiese culpable de cogerlos cuando yo ya no estuviese.

A mi padre le dejé en el dormitorio un cenicero muy simpático que había comprado por dos euros, porque no tenía ni un céntimo más, en el que ponía: «No fumes más, coño». Estaba segura de que después de «aquello», iba a dejar de fumar para siempre sabiendo que lo que tantas veces le había pedido, había sido también uno de mis deseos antes de irme.

Y para mi madre le dejé una foto que llevaba siempre en mi cartera, en ella estábamos las dos, cuando yo tenía seis o siete años, dándonos un abrazo y riéndonos con un aspecto de felicidad que había añorado muchísimo en los últimos meses, cuando los pilares de mi mundo tranquilo y estable hasta entonces se habían venido abajo.

«Siempre juntas» había puesto yo en la foto con la letra desigual e insegura de la niña que era entonces, de la que seguía siendo en aquel momento, pero manteniendo la voluntad de aquellas palabras, para que mi madre lo tuviese claro, que pasase lo que pasase, que estuviese yo donde estuviese, estaríamos siempre juntas.

Revisé mi armario, y aunque imaginé que toda la ropa iría a parar a la parroquia, dejé en el cuarto de mi hermana unas cuantas camisetas que siempre le habían gustado y que yo no le dejaba porque ella tenía más pecho que yo y no quería que me las diese de sí, le dejé también unos vaqueros que eran suyos, pero que en una rabieta que habíamos tenido, se los había escondido y luego se me había olvidado devolvérselos.

Y nada más, eso era todo lo que tenía que hacer.

No iba ni a cambiarme de ropa, porque no pensaba meterme en la cama, pero me di cuenta de que todavía llevaba puesto el chándal de Luzma y pensé que si me encontraban con él puesto, podría meterla a ella en un lío, cosa que no quería por nada del mundo, así que me lo quité y me puse un pantalón y la primera camiseta que pillé, era igual, total, me lo iban a tener que quitar todo...

Me tumbé vestida sobre mi cama, dejé la persiana abierta para ver cuándo era de día, y con los primeros reflejos del sol en el cielo, me puse en pie y salí de casa con la idea de ir caminando hasta el puente en obras por el que habíamos pasado aquel día.

Caminé despacio por el pasillo de casa, en silencio, para que nadie se despertase y me preguntase dónde iba tan pronto.

Era la última vez que recorría aquel pasillo, y me temblaban un poco las piernas al andar. Pasé las dos manos por las paredes al ir avanzando hacia la puerta, no había llorado ni una gota en toda la noche y no quería hacerlo en aquel momento, pero dos lágrimas resbalaron por mi cara sin que pudiese evitarlo.

«Vale», me dije. «Pero solo dos». Total, iba hacia un sitio mejor pues nada podía ser peor de lo que había estado viviendo. Cerré la puerta con cuidado, cogí el ascensor y bajé hasta la calle. Hacía frío y se me puso la carne de gallina.

Pero no fue del frío.

En la pared de enfrente de mi portal, escrito con letras enormes y rojas, había una frase que sin duda iba dirigida a mí y que me paralizó en seco haciendo que toda la fría serenidad que había mantenido durante aquella durísima noche desapareciese para dar paso al peor de los temores al leer una y otra vez aquellas palabras:

«Ahora a por tu hermana».

Fue como si aquella frase hubiese sido el pistoletazo de salida para despertar del letargo en el que me había sumido. Fue como una bofetada en la cara, como un tambor sonando en mi cabeza, un tambor cuyo sonido era uno que se repetía incesantemente mientras regresaba al ascensor, mientras el ascensor subía hasta casa, mientras llamaba al timbre dándole a mis padres un susto de muerte, y siempre la misma idea en mi cabeza: «Mi hermana no, mi hermana no, mi hermana no...».

La idea de que Bea pudiese pasar por algo similar a lo que yo había pasado me hacía tanto daño que me di cuenta de que, si hasta entonces había estado convencida de que nada me podía ir peor, había estado equivocada, porque si la tomaban con ella, yo iba a sufrir mucho más de lo que lo había hecho hasta entonces.

Estaba claro que dar «el salto al vacío», «irme», «quitarme del medio» no era la solución, porque con aquello pondría fin a mi vida y a mi dolor, pero, si les daba por hacer lo mismo con Bea, no hubiese valido la pena desaparecer, sería como si mi hermana no solo heredase la ropa o los cedés que le había dejado, sino que también iba a heredar todo el daño que a mí me habían hecho, toda la porquería en la que me habían logrado hundirme. Irme sin más, pensando solo en mí, hubiera sido demasiado egoísta por mi parte, tenía que hacer algo para evitar que mi hermana pasase por lo mismo, y ese algo tenía que hacerlo yo, nadie más.

Cabía la posibilidad de que, si yo desaparecía del mundo, ellos se asustasen y desistiesen de la idea de «ir a por mi hermana», pero también podía ser que mi «desaparición» les hiciese crecerse, sentirse ganadores, fuertes, invencibles, y que eso les diese más fuerza todavía para hacer daño a Bea.

Recordé las palabras de Luzma, cuando me había dicho que, si yo lo negaba todo, no había nada que hacer, y pensé que había llegado el momento de no negar las evidencias, de reconocerlas, de contar lo ocurrido para que ni mi hermana ni nadie más cayese en aquella siniestra tela de araña de la que era muy difícil salir, pero, seguramente, no imposible.

Empecé a rebobinar la cinta de todo lo que había pasado como si de una película se tratase. Había personas que podían confirmar las cosas porque al principio habían estado a mi lado cuando el acoso había comenzado. Estaba por ejemplo Marga, que sabía perfectamente cómo había empezado todo, que había leído los mensajes en mi móvil porque yo misma se los había enseñado, aquellos mensajes en los que me avisaban que iba a morir, en los que quedaba muy claro que yo no me estaba inventando nada.

Estaba también Roberto, que aquel día me había encontrado en el baño después de que ellos me dejasen allí tirada, y que cuando me preguntó quién me había hecho aquello, yo le había dado sus nombres, «Pincho y sus amigos», le había dicho. No había vuelto a hablar con él, pero a pesar del palo que me daba recordar todo aquello y tener que recurrir a su ayuda para que me sirviese de testigo, estaba claro que tenía que hacerlo por mi hermana, y lo iba a hacer.

Y también estaban los profesores, que seguro que al ver hasta dónde habían llegado las cosas, al ver que yo estaba denunciando a unas personas de las que también ellos estaban siendo víctimas, me darían la razón, reconocerían cómo se portaban en clase, darían detalles que podían reforzar mi testimonio y hacer que aquellos cuatro no volviesen a poner un pie en el instituto.

Tenía muchas cartas a mi favor y lo único que tenía que hacer era jugarlas; por eso, cuando mi hermana llegó a casa aquella misma mañana llena de golpes y magulladuras porque «alguien» la había tirado al suelo desde una moto y la habían arrastrado varios metros, supe que no podía esperar ni un momento más.

Lo primero que hice fue sentar a mis padres delante de mí y, a pesar de saber que les iba a hacer un daño tremendo, les conté todo lo que en el fondo imaginaban desde hacía tiempo.

Mientras me escuchaban, mi padre tenía la boca muy tensa, los dientes apretados y la frente arrugada; mi madre, tan serena como pocas veces la había visto, me tenía la mano cogida entre las suyas, para darme fuerza, para hacer que, como siempre, yo no olvidase que hiciera lo que hiciera, ella estaba a mi lado.

Soy consciente de que para unos padres no puede haber tortura peor que enterarse de todo el daño que otras personas le han hecho a su hija, sin motivo, sin ninguna razón que lo justifique, sobre todo, porque no hay razón en el mundo que pueda justificar el maltrato ni el acoso sobre ninguna persona, pero creo que lo que a ellos les dio valor para escucharme sin decaer fue el ser conscientes de que si a mí ya no podían evitarme el dolor pasado, podían ayudarme a que no volviese a pasarme y además, a que Bea no tuviese que vivirlo.

Desde casa, nos fuimos los cuatro al instituto a ver al director. Bea vino con nosotros porque todos estábamos de acuerdo en que no debía quedarse sola bajo ningún concepto.

Nos recibió con evidente mala gana, con un gesto que trasmitía hartura, cansancio y aburrimiento al ver a mi padre, que iba en aquella ocasión con dos hijas en vez de una, a pedirle explicaciones de algo en lo que él no tenía nada que ver.

—Quiero que escuche lo que Alma tiene que decirle, quiero que le preste atención porque desde aquí nos vamos a la policía para poner una denuncia contra cuatro alumnos de este centro, y quiero que sea consciente de que si no contamos con su ayuda, la denuncia irá también contra el centro y contra usted.

—Mal empezamos, señor Domínguez, no creo que sea una buena táctica venir aquí con amenazas, pero, para que vea que comprendo su nerviosismo, voy a escucharle a usted y a su hija con mucha atención.

Y empecé a relatarle desde el principio las cosas que me habían pasado dentro y fuera del centro, con nombres y apellidos de los agresores, con fechas, con datos, con nombres de testigos y personas que sabían lo que me había ocurrido. Lo conté todo porque era como si aquella voz que casi no reconocía como mía me estuviese liberando de un enorme peso, desatando las cadenas que me habían tenido sujeta tanto tiempo; era como haber estado bajo el agua con un yunque atado a mis pies y que por fin estaba desapareciendo para permitirme salir a flote, respirar.

Mi hermana lloraba asustada al escucharme contar todo aquello, supongo que en parte por pensar lo mal que lo debía de haber pasado yo, y en parte por imaginar lo que se le podía venir a ella encima si las amenazas se cumplían.

Le conté al director lo de la pintada que habían hecho frente a mi casa, y también la agresión que acababa de sufrir mi hermana. Cuando me pareció que había terminado con todo, me quedé callada, esperando que él dijese algo, que alguien dijese algo.

—Lo que estás diciendo es muy grave, Alma —dijo por fin el director—. Espero que seas consciente de la seriedad de este tema, porque no te estás implicando tú sola en esto, estás mezclando a otras personas, y para eso hace falta tener pruebas que lo puedan justificar, que no dejen lugar a dudas de la veracidad de todas esas cosas que has dicho.

—¿Todavía cree que es mentira?— dijo mi padre enfadado.

—Lo que yo crea o deje de creer, al fin y al cabo no tiene importancia ninguna, porque yo no estoy aquí para juzgar si su hija miente o dice la verdad, lo único que quiero decir es que el siguiente paso es dar parte a la policía, y para eso hay que tener las cosas muy claras, porque ellos trabajan con datos que puedan comprobar, con cosas tangibles, que puedan ver, que no dejen la menor duda, y no sé si en este caso, todo eso se va a dar... Pero de cualquier forma, si, como imagino, dan ese paso, yo estoy aquí para lo que necesiten tanto ustedes como la policía, no puedo decirle otra cosa.

—¿Y no va a hacer nada más? ¿No va a tomar medidas? ¿No va a llamar a esos chicos para pedirles explicaciones? —dijo mi madre.

—¿De verdad cree que si ellos han hecho todo lo que Alma dice, van a venir a mi despacho con las orejas agachadas a reconocerlo todo? Dejemos que los profesionales sigan su camino, yo no soy policía, señora. Si tuviera evidencias, pruebas de algo de lo que he escuchado, yo mismo iría a denunciar el caso, pero como no las tengo, me limito a esperar que alguien especializado en estos temas me diga lo que tengo que hacer, nada más.

—Jubilarse —dijo mi padre mientras salíamos del despacho—. Eso es lo que tiene que hacer, jubilarse.

Y sin dudarlo ni un momento, nos fuimos desde allí mismo a la comisaría de policía donde mi padre no se anduvo con rodeos y dijo nada más llegar:

—Vengo a poner una denuncia porque mi hija ha sido víctima de acoso con amenazas y agresiones por parte de cuatro compañeros de clase.

El funcionario que estaba allí para recoger datos y canalizar las distintas denuncias, levantó la cara del papel y nos miró muy sorprendido:

—Anda, coño —dijo sonriendo—. Pero, ¿eso existe? Yo pensé que solo pasaba en los telediarios...

Sería muy largo de explicar la cantidad de sitios por los que tuve que pasar y el número de veces que tuve que contar lo mismo. No entiendo para qué tomaban tantas notas si cada vez que me pasaban a otro despacho me hacían contarlo todo de nuevo, pero aunque me sentía cansadísima de repetirlo, mis padres me animaban y, lejos de hacerme el menor reproche por no haberlo contado antes, alababan lo bien que lo estaba haciendo y lo fuerte que era por decidirme a contarlo todo delante de quien fuese.

Ni mi hermana ni yo volvimos a salir solas de casa y, por supuesto, yo dejé de ir a clase. Aunque faltaba muy poco para terminar el curso, no pude presentarme a los exámenes finales, porque hubiera sido incapaz de estudiar y mucho menos de hacer un examen en clase, con las personas a las que había acusado y que, sin duda, ya estaban al tanto de todo.

—El curso no es lo más importante en este momento —me dijo mi madre—. Si no lo sacas este año, lo sacarás el próximo, lo que importa es que tú estés bien, y que todo esto se termine para siempre.

Los dos policías que estuvieron en casa varias veces para hacerme un montón de preguntas sugirieron a mis padres que buscasen un abogado y nos dijeron que cualquier prueba que pudiésemos aportar para reforzar la declaración sería muy importante.

Y nada más, era como si después de la marejada que había supuesto todo lo que yo había contado, se hubiese hecho un enorme silencio y estuviese todo parado, un silencio que atronaba mi cabeza, porque no me gustaba nada, no era normal, era como los momentos inmediatamente anteriores a una enorme explosión que se espera, que se conoce y que hace que ese tiempo sea como de plomo, pesado, denso y oscuro.

Era lógico, yo que conocía bien la forma de actuar de mis acosadores, intuía que no se iban a quedar de brazos cruzados, y la reacción no tardó demasiado en llegar.

El coche de mi padre apareció una mañana volcado en medio de la calle y con la carrocería completamente rayada.

Aunque solicitó vigilancia a la puerta de nuestra casa porque a la vista estaba que habíamos empezado a ser acosados todos, en la policía le dijeron que, si tuvieran que poner vigilancia en cada casa que los niños se peleaban con sus compañeros, no tendrían personal ni para empezar.

Quemaron los contenedores de nuestro bloque, destrozaron los buzones del portal, hicieron pintadas a lo largo de toda la calle con el nombre de mi hermana y el mío seguidos de los insultos más ofensivos que se puedan imaginar, y por último, trucaron una foto con el ordenador, y distribuyeron por toda la calle una imagen en la que aparecía el cuerpo de una mujer desnuda, con mi cara. Mi padre lo presentó a los policías que se habían hecho cargo del tema y les preguntó si les seguían pareciendo simples «peleas de niños en el colegio».

Por si todo aquello era poco, el abogado que contratamos no puso buena cara cuando le explicamos de qué se trataba, dijo que eran casos «muy poco agradecidos», y de nuevo nos pidió que reuniésemos todas las pruebas que tuviéramos, hasta el menor detalle podía servir.

Al dejar de ir a clase perdí todo el contacto con el instituto por lo que no me enteré hasta pasados varios días de que el contrato que Luzma tenía como sustituta del profesor de gimnasia se había terminado. Aunque faltaban muy pocos días para acabar el curso, el profesor titular se había incorporado a su puesto. Por lo tanto, yo había perdido cualquier posibilidad de contactar con ella porque no tenía ni idea de cuál era su domicilio, su teléfono o alguna otra forma de poder localizarla, ya que el abogado nos había dicho que se tomaría declaración a todos los testigos que yo había citado, y ella era una pieza clave para apoyar lo que yo denunciaba.

—No te preocupes— me decían mis padres— En el instituto tienen que tener todos sus datos, no habrá problema para conseguirlos.

Pero sí lo hubo, porque el director, que se había prestado a ayudarnos en todo lo que necesitásemos, nos dejó bien claro que no estaba autorizado para dar los datos personales de ningún profesor del centro, que eso estaba dentro de la privacidad de cada uno y que si acaso, nos los podrían dar en la delegación del ministerio de educación, que eran los que asignaban un profesor sustituto cuando el centro lo solicitaba.

Tampoco allí fue posible conseguir algún dato de Luzma, por más que les explicábamos que se trataba de una investigación policial, no privada, no cedieron ni un ápice, y lo peor de todo era que, como decía el abogado, estaban haciéndolo bien, por más que nos fastidiase, estaban cumpliendo con su deber, y tendría que ser la policía, si lo consideraba oportuno, la que consiguiese el domicilio de la profesora y estableciese contacto con ella.

Yo no estaba acostumbrada a aquella cantidad de problemas, pensé que todo iría mucho más rápido, que no iba a hacer falta tanto requisito ni tanta parafernalia para demostrar algo que estaba claro de sobra, no sabía lo lenta que era la burocracia, para todo hacían falta un montón de papeles y para obtener esos papeles había que esperar días y días sin que a nadie pareciese importarle las ganas que mi familia y yo teníamos de acabar con aquello de una vez por todas.

Tengo que reconocer que tuve momentos en los que me arrepentí de haberlo contado, en los que pensaba que si aquella mañana en la que tenía tan decidido tirar la toalla y pasar a una vida «más tranquila», lo hubiese hecho, no me encontraría envuelta en todo aquel tornado de citas, papeles, declaraciones y demás requisitos que yo ni siquiera sabía que existían y que me estaba tocando conocer.

En esos momentos de bajón, cuando me daban ganas de subirme en cualquier tren que pasase y marcharme lejos de allí, me consolaba mirando a mi hermana, más unida a mí de lo que lo había estado nunca, que con todo aquello también había visto cambiar su vida, se había vuelto miedosa y retraída y no se separaba de mí ni un momento.

—¿Por qué dejaste aquel día en mi cuarto todas aquellas cosas que te había pedido tantas veces? —me preguntó de repente.

Se refería a toda la «herencia» que yo había dejado para ella el día que salí de casa dispuesta a poner fin a mis problemas.

—Yo qué sé, me dio por ahí —mentí.

—Pero ¿qué pasó aquel día? Mamá dice que venías de la calle, pero eran las siete de la mañana. ¿De dónde venías? ¿Qué te había pasado?

—Estaba agobiada y salí a que me diese el aire, pero olvidé las llaves, ya ves qué tontería, no le des más vueltas.

No sé si se lo creyó, supongo que mis explicaciones no la convencieron demasiado porque lo que intentaba justificar no cuadraba con mi forma normal de actuar, pero al menos se tranquilizaba unos días, hasta que de nuevo volvía a recordar aquel día y las dudas aterrizaban otra vez en su cabeza. No es bueno tener tanto tiempo para pensar.

—¿Pensaste alguna vez suicidarte? —me preguntó otro día mientras escuchábamos música en el salón y yo intentaba ayudarla a terminar un puzzle de esos eternos que llevábamos años queriendo acabar.

—Nunca —dije mientras fingía buscar una pieza para no mirarla a los ojos—. Esa no es la solución, no arregla las cosas, no vale nada más que para hacer daño a los que se quedan aquí y que han luchado tanto por nosotros, ¿no? No quería imaginar que mi hermana pudiera un día pensar en hacer lo mismo que había pensado hacer yo. Nos habíamos llevado siempre fatal, no sé la cantidad de disgustos que le habíamos dado a mi madre a causa de nuestras continuas peleas, nos habían tenido que poner en cuartos separados porque hacíamos lo imposible por fastidiarnos mutuamente, la verdad era que nuestra relación no había sido lo que se dice fraternal, pero me asombró a mí misma darme cuenta de que al pensar que podían hacerle daño, yo había reaccionado arriesgando todo para defenderla, para que nadie pudiera hacerle lo que me habían hecho a mí, y, por primera vez en muchos meses, mi autoestima subió un escalón de los miles que había bajado.

Llevábamos más de quince días sin que las cosas se moviesen de su desesperante lugar, sin avanzar, sin tener noticias nuevas. Esperábamos que la policía considerase la posibilidad de llamar a Luzma para que se pusiese en contacto con nosotros con el fin de citarla como testigo de mi abogado, pero todo se hacía infinitamente largo y lento. Además, era como si, de repente, el mundo se hubiese puesto en contra nuestra, aquella valentía que yo había creído tener denunciando el caso y dando todo tipo de detalles, se rebelaba contra mí, y, según nos decía el abogado, no eran ellos los que tenían que probar su inocencia, que se daba por supuesta, sino yo quien tenía que probar su culpabilidad.

Se me pidieron pruebas de los mensajes que había recibido en el móvil amenazándome, para comprobar si pertenecían a los números de móvil de las cuatro personas que había acusado, pero no tenía guardado ni uno solo de aquellos mensajes.

—Pero chica —me dijo el abogado—. ¿Tú no ves la tele? ¿No has visto a los famosos cuando intentan acusar a otros y para eso tienen guardados los mensajes y las pruebas durante meses? ¿Cómo se te ocurre borrar eso? ¡No lo entiendo! ¡Es algo incomprensible, vamos, incomprensible!

Trataba de hacerle entender que siempre había tratado de que mi familia no se enterase de nada. A pesar de llevarnos como el perro y el gato, entre mi hermana y yo era normal que cuando alguna se quedaba sin saldo, cogiese el móvil de la otra si necesitaba dar un toque o mandar un mensaje para quedar con alguien, y lo que yo no quería era que Bea pudiera leer ni una sola de las barbaridades que me habían escrito, pero no me hacía ningún caso, no entendía tantos miramientos, y todo lo justificaba con comportamientos adolescentes que no tenían explicación racional.

Me empezó a caer mal aquel hombre al que se suponía que mis padres pagaban para que me defendiese, no para que me hundiese la moral más todavía.

—Me han dicho que es el mejor —decía mi padre—. Y eso es lo que importa, su forma de actuar no nos tiene que preocupar con tal de que lo haga bien, estos abogados son así, tú no te preocupes de nada, limítate a darle toda la información que necesite y ya está.

Pero las cosas no estaban fáciles ni para nosotros ni para él, porque cuando se presentó en el instituto para contactar con las personas que yo había citado, se encontró con sorpresas bastante desagradables.

—Lamento decirles que dejo este caso —les soltó a mis padres sin previo aviso—. Esto no hay por dónde cogerlo, y lo único que puede traerles a ustedes son disgustos, y a mí un borrón en mi trayectoria profesional.

Cuando mis padres le pidieron explicaciones de lo que estaba afirmando con tanta rotundidad, él les dijo que el director del centro, el psicólogo y varios profesores le habían confirmado que yo padecía «trastornos mentales» que me habían llevado en varias ocasiones a decir cosas que no eran ciertas. Es más, cuando el abogado había llamado a las personas que yo citaba como testigos, el desconcierto había sido aún mayor.

Marga había negado saber algo de mensajes en mi móvil. Según ella, yo nunca le había enseñado ninguno, ni le había hablado de amenazas ni de ningún tipo de acoso por parte de los compañeros y compañeras que yo había acusado. Ella, y más gente de clase habían confirmado que en las últimas semanas yo me había ido apartando, que no hablaba con nadie y que había empezado a suspender todo, pero nadie había visto que en clase se burlasen de mí ni que se me diese ningún trato despectivo por parte de aquellas cuatro personas.

Por si todo esto era poco, Roberto había dicho que la historia de que él me había encontrado en el cuarto de baño, medio desnuda y atada de pies y manos tal y como yo le había dicho al abogado y a la policía era totalmente falsa, que él jamás me había encontrado así, y que si yo tenía una chaqueta suya era porque se la habría cogido del perchero de su clase, porque de todos era sabido que llevaba bastante tiempo detrás de él, detalle este que curiosamente sí recordaba Marga, que confirmó que Roberto era el chico de mis sueños y me moría por ir a los sitios en los que él estaba, habiendo manifestado en varias ocasiones que me gustaría tener alguna prenda suya.

Los profesores que fueron llamados, tales como Sofía, que continuaba de baja tras haber sufrido los insultos y el despotismo de Pincho y los suyos, dijeron no saber nada de lo que yo decía, y que aquellos chicos eran «algo revoltosos» en clase, pero que no sabían nada más. Y el otro profesor que había estado de baja y que ya se había incorporado, el de educación física al que Luzma había sustituido, dijo que no tenía ganas de más líos y que no había visto nada de nada.

Por supuesto que el director afirmó que estaba de acuerdo con los profesores porque tampoco él había observado ninguna anomalía en el centro, e hizo bastante hincapié en el hecho de que tal vez la raíz de mis problemas hubiera que buscarla en el núcleo familiar, porque tenía unos padres sobreprotectores que me habían metido en la cabeza extrañas ideas que yo había terminado por creerme.

Era como un mal sueño, como si todo aquello lo estuviese viendo en una película de terror, como si no me estuviese pasando a mí, porque era imposible que todo se pusiese tan en contra mía, que todas las personas en las que había confiado me estuviesen dando la espalda.

—Hay más abogados —dijo mi padre—. El mundo no se acaba aquí, hay otras formas de pelear, y todavía no se ha dicho la última palabra.

Cuando pude reunir algo de fuerza cogí el teléfono y llamé a Marga, pero nunca estaba en casa y su móvil estaba «apagado o fuera de cobertura». Pero yo seguía insistiendo hasta que su madre me dijo un día que dejase de llamarla porque Marga no iba a hablar más conmigo: «¿Qué quieres?», me dijo, «¿qué ella sea la siguiente?».

—No se lo tengas en cuenta —me dijo mi madre cuando me vio hundida ante la reacción de mi amiga—. El miedo es libre, ella sigue en clase con ellos y, precisamente porque sabe bien lo que tú has pasado, no quiere vivir lo mismo. Y su madre solo quiere protegerla, tal vez si yo estuviese en su pellejo en vez de en el mío, estuviese haciendo lo mismo.

—Pero si solo le pido ayuda para que no me tomen por loca...

—La ayuda es voluntaria, Alma, no se le puede exigir a nadie, si te la dan, bienvenida, y si no, no puedes dormirte en los laureles, hay que pensar en otra forma, dar un giro, enfocarlo de otra manera, y tu padre ya ha pensado en eso.

Al día siguiente, los dos periódicos locales sacaban la noticia del «acoso escolar» en las páginas de sucesos. Mi foto no salía porque mi padre lo había prohibido expresamente, pero la suya sí. Nunca mejor dicho, daba la cara por mí, contaba todo lo ocurrido, y denunciaba la pasividad del centro y de la policía, ya que unos «pasaban» del tema, y otros llevaban todo con tal lentitud que habían dado lugar a que toda la familia sufriese el acoso mediante pintadas insultantes, y daños materiales.

Curiosamente, no habían pasado dos días cuando tres abogados distintos se habían puesto en contacto con mi padre para poner su bufete a nuestra disposición.

El caso había movilizado a la opinión pública, y eso significaba dinero y prestigio para el abogado que lograse sacarlo adelante.

Los medios de comunicación tienen más peso del que puede parecer, y además, el poder de conseguir en poco tiempo lo que de otra manera hubiera podido tardar siglos. La policía se sintió muy ofendida por las alusiones que mi padre hizo con respecto a su forma de llevar la investigación y el instituto demandó a mi padre porque sus declaraciones habían dañado su imagen.

El abogado que tomó las riendas de mi defensa nos puso las cosas muy claras: o encontrábamos alguna prueba, algún testigo que me apoyase, o seríamos nosotros los que tendríamos que sentarnos en el banquillo de los acusados porque los padres de los cuatro chicos y chicas acusados habían denunciado a los míos.

Me mareaba cada vez que llegaba más información, era como si ya no pudiera con más complicaciones, como si mi umbral de entendimiento se hubiera superado y no pudiera absorber más malas noticias.

Esperé inútilmente que alguien de clase se lo pensase mejor y se prestase a ayudarme, que Roberto o Marga reconsiderasen sus posturas, pero todos pasaron olímpicamente de mí, como decía mi madre, no se podía estar esperando a que nadie nos sacase las castañas del fuego, teníamos que buscarnos la vida por nuestra cuenta, y era lo que estábamos haciendo aunque no lo pareciese.

La prensa informaba de cómo iba el tema, pero con tan pocas novedades como teníamos, corríamos el riesgo de que el interés decayese, «la gente quiere noticias frescas —decía el abogado—. temas que avancen, que se muevan. Lo que se queda estancado cae en el olvido y además, como cada día hay más noticias parecidas, el acoso, como el maltrato familiar, pronto dejará de impresionar, y eso no nos conviene».

Sus palabras eran frías, parecían tener solo el interés de sacar «tajada» de todo aquello y yo me sentía utilizada, pero mi padre me animaba e insistía en que a cada uno nos movía un interés:

—No esperes que el abogado actúe por compasión, ni por hacernos un favor. A él le interesa que todo esto salga adelante para que el nombre de su bufete quede ligado a un caso resuelto con éxito y que además ha trascendido a los periódicos. En el momento que vea que no hay posibilidad de triunfar, se irá como el otro, pero eso es normal, es comprensible y lícito, no son hermanitas de la caridad, son abogados y quieren ganar, y nosotros somos tus padres y queremos que todo lo que estás pasando sirva para algo.

Perdí la esperanza tantas veces como ellos me la hicieron recuperar, sé que en otras ocasiones eran ellos los que se sentían sin ánimos para seguir en la lucha, pero siempre mantuvieron el tipo para que ni mi hermana ni yo nos diésemos cuenta de nada.

—Algo más —insistía el abogado—. Necesitamos algo más.

Los partes médicos con las lesiones que había sufrido no servían para nada porque allí solo se decía que eran agresiones sufridas en la calle, accidentes provocados por desconocidos, o lo que yo misma había relatado como «caídas fortuitas». Con aquellos papeles solo podíamos justificar que había tenido lesiones, pero no que me las hubiesen causado ellos, no servían para nada, incluso el director del instituto había dejado caer la posibilidad de que aquellas lesiones me las hubiese provocado yo misma en mi afán de centrar la atención de todo el mundo en mí.

Fue entonces cuando le pedí a mi padre que abandonase, ya no podía más, no era posible que se estuviese echando tanta basura encima de mí. Le pedí que nos fuésemos de allí a otra ciudad donde nadie nos conociese, donde empezásemos de cero, donde nadie me estuviese criticando continuamente, les rogué a los dos, les supliqué que abandonasen el tema, que pagasen a los padres de Pincho, Mario, Rosa y Tesa lo que fuese necesario para que olvidasen el tema y que nos fuésemos los cuatro muy lejos de allí porque si no iba a terminar haciendo lo que un día no hice.

—¿Abandonar? —dijo mi padre escandalizado—. Dime solo una cosa, solo una: ¿nos has mentido en algo? ¿Has dicho algo que no fuese cierto o has levantado algún falso testimonio en contra de alguna persona?

—No, sabes que no, que todo lo que he contado es verdad.

—Entonces, que sepas que abandonan los que mienten, los cobardes, los que dudan de sí mismos, los débiles…

—¡Pues será que soy débil! —le grité desesperada.

—No eres débil —me dijo mi madre—. Solo estás cansada, y es lógico, está siendo más duro de lo que pensábamos, pero nadie dijo que fuera fácil, y, después de todo lo que has pasado, no vamos a permitir que ahora tires la toalla.

No me dejaron, pero, si por mí hubiera sido, me hubiese escondido en el último rincón del mundo donde nadie me hubiese podido encontrar jamás.

Afortunadamente, aunque yo no lo sabía, no todo estaba perdido. A veces, cuando ya parece que no hay nada que hacer, que todo es oscuridad, surge una luz en el fondo del túnel, que no esperabas, que no hubieras imaginado jamás, y que consigue abrir una puerta a la esperanza.

Luzma llamó un día a la puerta de mi casa, había estado de viaje aprovechando que no tenía trabajo y al regreso se había enterado de todo por los periódicos. Solo quería que supiera que se alegraba de que por fin hubiera decidido hablar, y que lo que me había dicho aquel día al borde de la piscina, lo seguía manteniendo: podía contar con ella para lo que quisiera.

Es curioso como personas con las que has tenido mucha relación y de las que esperas todo te vuelven la espalda cuando más falta te hacen, y sin embargo, otras con las que no has tenido demasiado trato se prestan a ayudarte cuando más lo necesitas.

No voy a negar que incluso con Luzma, fue todo muy difícil, pero el abogado dijo que su testimonio podía ser providencial, porque ella también había presenciado en clase el comportamiento totalmente fuera de lugar de los «presuntos acosadores».

También declaró que la conducta de aquellos alumnos había sido tratada en más de una ocasión en el claustro de profesores pero que, al ver las consecuencias que había tenido ella misma al enfrentarse a ellos, nadie se atrevía a decir nada más.

Relató cómo el director la había llamado la atención por expulsar a los chicos de clase y le había recordado su condición de sustituta en el centro, para que se limitase a enseñar a los alumnos a «dar cuatro volteretas» que era para lo que se la había contratado, y dejase de «jugar a los detectives» si no quería tener problemas.

Tenía justificantes de haber denunciado que su coche había aparecido dos veces con las cuatro ruedas pinchadas y la carrocería completamente rayada, presentó papeles de la compañía de seguros donde se expresaba la «intencionalidad» con la que se habían producido los hechos.

Pero si bien todos aquellos datos fueron importantes y reforzaron mi testimonio, no bastaban para poner la balanza de la justicia a mi favor, hacía falta algo más, una prueba que no dejase lugar a dudas, un dato, un documento donde quedase claro que lo que Luzma estaba diciendo era cierto y, por tanto, que yo tampoco me había inventado nada.

Jamás se me hubiera ocurrido algo así, pero está claro que el abogado había arriesgado mucho en aquel tema y que la sombra del fracaso sobrevolando por encima de su bufete le hizo aguzar el ingenio.

Fue como en una película, todo sucedió muy deprisa o al menos eso me pareció a mí que ya me había acostumbrado a que las cosas fueran con una infinita lentitud.

Al escuchar el relato de Luzma, contando lo que le había sucedido en la piscina, cuando se encontró su coche pintado en el propio aparcamiento del polideportivo, lo primero que hizo el abogado fue enterarse de si había cámaras de vigilancia allí.

—No es tan raro —me dijo al ver que la ocurrencia casi me causaba risa—. Hoy día las tienen en muchos sitios, ya no es solo cosa del cine, dense cuenta de que se hacen responsables de los vehículos mientras estén allí depositados, y más de uno puede acusarles de algo que no les corresponde asumir, tienen que buscar la manera de cubrir sus espaldas, si no, estarían arruinados hace mucho, además, ahorran sueldos, quitan a los vigilantes y ponen unas cuántas cámaras, la inversión se recupera enseguida.

Cuando se confirmó que, efectivamente, había cámaras en el aparcamiento, hubo que conseguir que la policía requiriese oficialmente la grabación de aquel día, lo que llevó un tiempo que, como era habitual, se dilató más de lo que hubiera sido de esperar.

La fecha del juicio estaba muy próxima, y si no lográbamos demostrar al menos alguna de las acusaciones que habíamos hecho, estábamos perdiendo el tiempo.

Conseguir el permiso para sacar la grabación fuera del polideportivo, visualizar la cinta completa que durante aquella mañana habían hecho todas las cámaras que estaban situadas en diferentes puntos del aparcamiento, porque había pasado ya algún tiempo y Luzma no recordaba el sitio exacto en el que dejado su coche y, por fin, encontrar alguna imagen que no fuese la de gente cogiendo y dejando sus coches, nos llevó horas, al final de las cuales la paciencia tuvo su recompensa.

Fueron Pincho y Mario, se les veía perfectamente, no había lugar a duda. Las imágenes mostraban cómo mientras uno sacaba un spray de la mochila y pintaba el cristal delantero del coche de Luzma, el otro le daba unos cuantos navajazos a las ruedas para luego, con una llave, repasar bien la carrocería dejando destrozada la pintura. Después se les veía salir corriendo de allí y al poco tiempo se nos veía llegar a Luzma y a mí y quedarnos paralizadas al ver el coche. Todo cuadraba, nosotras habíamos tardado más tiempo que los demás en salir del recinto porque yo tuve que esperar a que Luzma me subiese su ropa. Estaba claro que era el tiempo que ellos habían aprovechado para hacer su «trabajo». Las cámaras lo habían recogido claramente, habían sido los protagonistas de una película que no imaginaban.

Mis padres me abrazaron con fuerza, por fin algo empezaba a salirnos al derechas.

Les acusaron de vandalismo porque se consideró sobradamente probado que eran los autores de los daños en el coche de Luzma. También se pudo comprobar que las pintadas hechas en la calle procedían de la misma persona que había pintado el coche de la profesora, un experto grafólogo dio fe de que había signos suficientes para que no quedase la menor duda al respecto, por lo que también resultaron culpables del delito de daños en bienes públicos por los insultos que habían escrito en las paredes de mi calle.

Se autorizó el registro de los ordenadores de los dos, solo de ellos dos, porque a ellas todavía no se las había podido implicar en nada, y allí se encontraron con la foto que habían distribuido por todo el barrio en la que se apreciaba que habían trucado un desnudo para ponerle mi cara con la intención de daño moral hacia mí.

Al verse tan pillados por varios frentes, por primera vez en todo aquel tiempo, empezaron a flaquear, y el temor de todo lo que se les venía encima hizo que para no ser declarados culpables ellos solos, implicasen también a Rosa y a Tesa, aunque para ello no les quedase más remedio que reconocer que, efectivamente, me habían hecho víctima de humillaciones y vejaciones. Toda la «valentía» que habían tenido para hacer daño, para humillar y para acosar, se transformó en pánico. Reconozco que me alegró saber que estaban probando su propia medicina.

Perdieron el control y la siniestra unión que había entre ellos se hizo añicos al acusarse unos a otros, lo cual les llevó a inculparse ellos solos en el tema del acoso, que de otra manera no hubiéramos podido probar.

La pesadilla había terminado.

No sé todavía qué pena les habrá caído porque al ser menores no pueden ir a la cárcel ni nada de eso, pero al menos se ha reconocido que yo tenía razón en todo lo que había dicho, que no estaba tan loca como habían querido hacer creer, y que en mi familia no había «problemas mentales» que me llevasen a querer atraer la atención de todo el mundo.

No he vuelto por el instituto, me hace mucho daño recordar todo lo que viví allí. Mi padre dice que tendré que volver para vencer los fantasmas, porque no es bueno dejar nada pendiente en la vida, pero creo que para eso tendrá que pasar un tiempo todavía. El próximo curso lo haré en el instituto de mi hermana, paso de verle la cara al director y a los profesores que no me apoyaron cuando les necesité. Puedo entender que el miedo es más fuerte que uno mismo y seguro que fue eso lo que les impidió decir la verdad para que yo no quedase como una mentirosa, pero de ahí a tener que verles todos los días y encima dándome clase y examinándome, hay un abismo.

Sé que hay muchas chicas y chicos que como yo están pasando por una experiencia parecida, y que tal vez no tengan unos padres como los míos, que les apoyen hasta el final, que a lo mejor no tienen una profesora que arriesgue lo que Luzma arriesgó, porque la gente es así, y al hacerse conocida en la ciudad por la repercusión que tuvo el juicio y todo eso, le está costando mucho encontrar otro trabajo; sé que habrá chicos y chicas que no se atrevan a contarlo como me pasaba a mí, y que, como yo, tal vez se estén planteando dar ese «salto al vacío» que yo estuve a punto de dar, pero no vale la pena, hay que armarse de valor y hablar, es la única solución, porque si no, serán ellos los vencedores y no tendrán más problema que buscar otra víctima.

Por muy abajo que se llegue, por hundida que se pueda encontrar una persona, por más que se crea que se ha tocado fondo, siempre se puede salir, siempre se está a tiempo de cortar los hilos de la marioneta en la que te convierten, para empezar a moverse otra vez por uno mismo.

La recuperación es lenta, pero... ¿quién dijo prisa?